JN048481

保存食大事典

賛否両論 笠原将弘

KADOKAWA

はじめに

　日本には数多くのすばらしい保存食が存在する。そのどれもが昔の人々の知恵と工夫が詰まった人類の英知ともいえる食の文化財であり、後世に大事に伝えていかなければならない宝物だ。

　私も約30年の料理人生活の中でいろいろな保存食と出会い、教わり、作ってきた。正直なところ最初は、ぬか漬けや梅干し、らっきょうなど、ホビー感覚で作っていたが、毎年、毎年作っていくうちに、いつしかその奥深い沼にはまっていった。

　本来の保存食は昔の人々が、その時季にとれた食材をなるべく長もちさせ、来るべき冬に備える、または無駄なく食べ切るという生きるための知恵であり、今でいうSDGsな生活様式ではなかろうか。本気で保存食と向き合わなければ‼ それからの私は日本各地へ仕事で訪れるたびに、その土地に伝わる保存食を調べ、教わり、独学でも勉強した。栗の渋皮煮や杏の漬け物は長野の達人直伝のものだ。梅干しは小田原の梅レジェンドに教わった。らっきょう漬けは東京・武蔵小山の居酒屋さんのママにしごかれた。どれも自分的にも改良を重ねた大切なレシピになっている。

　保存食は時間も手間もかかり、大変なものが多いし、年によって仕上がりが変わったり、思い通りにならないことも多々ある。それでも毎年作りたくなる、それだけの時間と手間をかける価値があるものだ。ひたすら栗の鬼皮をむいているとき、梅干しを干しているとき、からすみにするボラ子の血ぬきをしているとき、まるで自分の子どもの世話をしているような穏やかな気持ちになっている自分がいる。そしておいしく思い通りに出来上がったときの喜び、達成感はフルマラソンを完走したときより大きい。

　この本を読んで興味を持っていただけたなら、保存食の灯をたやさないためにも、あなたもどっぷりとこの沼にはまってみてはどうだろうか。この本の保存食たちがあなたの家の味になってくれたら、これほどうれしいことはない。

2023年　冬　白菜を漬けるときのBGMは「冬のリヴィエラ」で。

賛否両論　笠原将弘

目次

保存食を仕込む前に

・大さじ1＝15㎖、小さじ1＝5㎖、1カップ＝200㎖、
　1合＝180㎖です。

・塩は精製されていないもの、砂糖は上白糖、みりんは
　本みりん、酒は日本酒、ホワイトリカーは35度のも
　の、ブランデーは40度のものを使用しています。

・油は特に表記がない場合、サラダ油を表します。

・火加減は特に表記がない場合、中火を表します。

・野菜や果物は特に表記がない場合、皮をむいているこ
　と、種やへた、筋などを取り除いていることを前提と
　しています。

・水けや油などはペーパータオルでふいています。

・作り方にある「1時間以上おく」「1日おく」などは、味
　を含めたり、なじませたりするための工程です。

・鍋、またはボウルや容器などでそのまま数時間味をな
　じませる場合、特に指定がない場合は常温を指しま
　す。夏場は特に指定がない場合でも冷蔵室に入れてく
　ださい。

・保存食の保存期間は目安です。冷蔵室の状態、保存容
　器の状態によっても異なりますので、それぞれご自身
　で確認して保存してください。

・保存容器や保存瓶は作る際に目安が分かるといいも
　のについてサイズを入れています。使用の際にはアル
　コール消毒するなどしてください。ふたはいずれも粗
　熱がとれてからしてください。

・オーブントースターは1000Wのものを基準にしてい
　ます。機種によって加熱時間が異なりますので、様子
　を見ながら加減してください。

・オーブンは熱源の種類やメーカー、機種によって加熱
　時間が異なります。レシピを目安に様子を見ながらご
　自身で加減してください。また、使用する前には予熱
　を忘れずにしてください。

・電子レンジは600Wのものを基準にしています。機種
　によって加熱時間が異なりますので、様子を見ながら
　加減してください。

・はちみつを使用しているものは1歳未満の乳児には食
　べさせないでください。

春 spring

いちごのみりん炊きジャム

実山椒佃煮

実山椒青煮

ふきのとうみそ

ふきのとうみそ

材料（作りやすい分量）
ふきのとう…10個
A
┊みそ…80g
┊白みそ…50g
┊酒…大さじ2
┊砂糖…大さじ2
┊みりん…大さじ2
塩…適量
油…大さじ2

1 ふきのとうは半分に切る。塩を加えた湯に入れ、混ぜながら5分ほどゆでる（a）。ざるにあけて30分ほど水にさらす（b）。
2 水けをしぼり、粗みじん切りにする。
3 フライパンに油を熱し、2を炒める。油がまわり、ふきのとうのいい香りがしてきたらAを合わせて加える。弱火にし、ぽってりするまで練り上げる（c）。
＊ 保存容器に入れ、冷蔵室で2週間保存可。

おむすびをにぎり、ふきのとうみそを適量のせるだけで春のごちそうになる。

「みそはブレンドした方がおいしいので、好みの2種を合わせて作ってみてください。
ふきのとうを切って混ぜながらゆでることで、しっかりアクがぬけ、うまみが増します」

ふきみそ豆腐田楽

材料（2〜3人分）
木綿豆腐…1丁
ふきのとうみそ（p.12）…大さじ3
白いりごま…少々

1　豆腐は水けをふき、1cm厚さに切る。
2　オーブントースターに1を並べ入れ、2分ほど焼く。豆腐が温まったらふきのとうみそを等分にのせて白ごまをふり、表面に焼き目がつくまで焼く。

「ふきのとうみそに香ばしい焼き目のうまみも加えて、豆腐とともに」

■牛肉とたけのこのふきのとうみそ炒め

材料（3〜4人分）
牛もも肉…200g
たけのこ（下ゆで済みのもの）…150g
溶き卵…1個分
塩…少々
黒こしょう…少々
片栗粉…大さじ1
A
⋮酒…大さじ2
⋮ふきのとうみそ（p.12）…大さじ2
油…大さじ2

1 牛肉は5mm幅の細切りにし、塩、こしょうをふる。たけのこも5mm幅の細切りにする。
2 ボウルに牛肉を入れ、溶き卵をもみ込んで5分ほどおく。片栗粉をまぶし、油大さじ1を加えて肉をほぐす。
3 フライパンに油大さじ1を熱し、2を再びほぐしながら炒める。牛肉に火が通ったらたけのこを加えて炒め合わせ、油がなじんだらAを加えて全体に炒めからめる。

「牛肉とたけのこにからめたふきのとうみそが口の中でジュワーッと広がる幸せ」

ふきみそポテトコロッケ

材料（3〜4人分）
じゃがいも（男爵）…3個
塩…少々
A
⋮牛乳…大さじ3
⋮ふきのとうみそ（p.12）…大さじ2
⋮マヨネーズ…大さじ1
小麦粉…適量
溶き卵…1個分
パン粉…適量
揚げ油…適量
すだち…1個

1 じゃがいもはひと口大に切る。鍋にじゃがい
  もと塩、かぶるくらいの水を入れ、やわらか
  くなるまでゆでる。湯を捨ててから炒りし、
  水けをとばす。
2 ボウルに1を入れ、熱いうちにマッシャーや
  へらでつぶす。Aを順に加えて（a）なめらか
  になるまで混ぜ、味をみて足りなければ塩
  （分量外）でととのえる。
3 2を8〜10等分して丸め、小麦粉、溶き卵、
  パン粉の順に衣をつける。170℃の揚げ油で
  3〜4分、全体がきつね色になるまで揚げる。
4 器に盛り、半分に切ったすだちを添える。

「牛乳とマヨネーズを加えたふわふわじゃがいもに、春の味わいをほんのりまとわせて」

実山椒青煮

材料（作りやすい分量・
　14×14×H6㎝の保存容器1個分）
実山椒…200g
塩…少々
A
⋮粗塩…大さじ2
⋮水…2カップ

1　鍋に塩を加えた湯を沸かし、実山椒を枝ごと
　　入れる。5分ほどゆで、氷水にとる。
2　ざるにあけ、流水に2〜3時間さらす（a）。
　　指先を使って実を1粒ずつ枝からはずす（b）。
3　鍋にAを合わせ入れ、ひと煮して冷ます。
4　2の水けをきって保存容器に入れ、3を注い
　　で冷蔵室でひと晩おく。
＊　冷蔵室で1カ月間保存可。また、漬け汁をきっ
　　て密閉保存袋に入れ、冷凍室で1年間保存可（c）。

「実山椒の青々しさを生かしたシンプルな味わい。下処理をしたら塩水を注ぐだけ！」

■じゃこ山椒

材料（作りやすい分量）
ちりめんじゃこ（小さいもの）
　…500g
酒…3カップ
A
┊ みりん…1/2カップ
┊ 薄口しょうゆ…80㎖
実山椒青煮（p.18）…50g

1　鍋に湯を沸かし、ちりめんじゃこを入れて2
　～3分ゆでてざるにあける。
2　鍋に1と酒を入れ、軽く混ぜて1時間ほどお
　く（a）。
3　強火にかけ、煮立ったら中火にしてAを加え、
　アルミホイルをかぶせて煮る。
4　煮汁が半分ほどになったら実山椒青煮を加
　え、時々やさしく混ぜながら（b）煮汁がな
　くなるまで煮る。
5　盆ざるにペーパータオルを敷き、4を広げる。
　そのまま少しおき、余分な水分を除く。

「酒を含ませてふっくらさせてから煮るとふわふわ。ご飯にかけても、サラダに混ぜても、そのままつまみにも」

材料（2人分）
きゅうり…1本
塩…適量
オクラ…6本
実山椒青煮（p.18）…15g
A
┊酢…大さじ1
┊薄口しょうゆ…大さじ1
┊みりん…大さじ1

1 きゅうりは薄い小口切りにし、塩
　少々をふって軽くもむ。さっと洗っ
　て水けをしぼる。

2 オクラは板ずりし、熱湯でさっとゆ
　でて冷水にとる。水けをふき、1cm
　幅の斜め切りにする。

3 実山椒青煮は粗く刻み、Aと混ぜ合
　わせる。

4 1と2を、3であえる。

■ きゅうりとオクラの実山椒あえ

「きゅうりとオクラ、実山椒青煮の緑が目にも舌にもおいしいひと皿。そのままはもちろん、麺にのせても」

回 実山椒佃煮

材料（作りやすい分量）
実山椒…200g
塩…少々
A
⋮ 酒…大さじ4
⋮ 砂糖…大さじ1
⋮ しょうゆ…大さじ4
⋮ みりん…大さじ4

1　実山椒は「実山椒青煮」（p.18）の作り方1〜
　　2と同様に下処理をする。
2　鍋に1を入れ、ひたひたに水を注ぐ。Aを合
　　わせ入れ、火にかける。汁けがほぼなくなる
　　まで時々混ぜながら15分ほど煮る（a）。
＊　冷蔵室で3カ月間保存可。また、密閉保存袋に
　　入れ、冷凍室で1年間保存可。

「かみしめるほどにおいしさが広がる春の定番佃煮。
刻んでご飯とともに食べるもよし、炒め物や煮物の味つけに使うもよし」

さば白滝山椒煮

材料（2人分）
さば…2切れ
白滝…1袋（約200g）
実山椒佃煮（p.22）…15g
さやいんげん…4本
A
　酒…90㎖
　砂糖…大さじ2
　しょうゆ…60㎖
　みりん…180㎖
　水…360㎖

1　さばは皮目に数カ所切り目を入れ、熱湯をかけて霜降りにする。水に落とし、水けをふく。
2　白滝は熱湯でゆで、ざるにあける。水けをきって食べやすい長さに切る。
3　鍋にAを合わせ入れ、強火にかける。煮立ったら1、2、実山椒佃煮を加えて中火にし、アルミホイルをかぶせて15分ほど煮る。
4　さやいんげんを加えて3分ほど煮る。

「正統派の煮魚に、実山椒佃煮がピリリとアクセントをプラス」

■ うなぎの実山椒チーズ焼き

材料（2人分）
うなぎの蒲焼き（市販）…1/2尾分
酒…少々
じゃがいも…1個
塩…少々
溶けるスライスチーズ…2枚
実山椒佃煮（p.22）…10g

1　じゃがいもは1cm幅に食べやすく切り、塩を加えた湯でやわらかくゆでる。

2　うなぎの蒲焼きはひと口大に切って酒をふり、ふんわりとラップをかけて電子レンジで約30秒加熱する。

3　耐熱の器に1と2を1切れずつ順に重ねる。チーズをうなぎと同じくらいの大きさに切ってのせ、オーブントースターでチーズが溶けるまで焼く。

4　実山椒佃煮を等分にのせる。

「うなぎに欠かすことのできない山椒を合わせて洋風つまみに。
じゃがいもを加えてボリュームもアップ」

いちごのみりん炊きジャム

材料（作りやすい分量）
いちご…1パック（約300g）
みりん…1カップ

1　いちごは大きければ半分に切る。
2　鍋に1とみりんを入れ、火にかける。煮立ったら弱火にし、汁けが半分くらいになるまで煮る（a）。火を止め、そのまま粗熱がとれるまでおく。
＊　保存容器に入れ、冷蔵室で2週間保存可。

「砂糖ではなくみりんで煮るいちごは、あっさりした味わいと風味の良さが特徴的です」

■いちご酢豚

材料（3〜4人分）
豚こま切れ肉…300g
A
　しょうゆ…大さじ1
　みりん…大さじ1
溶き卵…1個分
片栗粉…適量

B
　いちごのみりん炊きジャム（p.26）…大さじ3
　酢…大さじ2
　薄口しょうゆ…大さじ1
　トマトケチャップ…大さじ1
　片栗粉…大さじ1
　水…1カップ
春菊の葉…適量
油…大さじ3

1 豚肉はAをもみ込み、ひと口大に丸める。溶き卵
　にくぐらせ、片栗粉をまぶす。

2 フライパンに油を熱し、1を転がしながら焼く。
　全体に火が通り、焼き目がついたら取り出す。

3 Bはよく混ぜ合わせる（a）。

4 2のフライパンをきれいにし、3を入れて混ぜな
　がらとろみがつくまで火を入れる。

5 4に2を戻し入れ、からめる。

6 器に春菊の葉を敷いて5を盛る。

「いちごのみりん炊きジャムが酢豚のソースにやさしくジューシーな甘酸っぱさを加えます」

■ いちごのフローズンヨーグルト

材料（作りやすい分量）
A
　プレーンヨーグルト…300g
　牛乳…1/4カップ
　レモン汁…大さじ1
　いちごのみりん炊きジャム（p.26）…60g
　砂糖…大さじ1
ミントの葉…少々

1　ボウルにAをすべて入れ、よく混ぜ合わせる。
2　保存容器に入れ、冷凍室で1時間ほど冷やす。フォークなどでよく混ぜ合わせ、冷凍室でさらに2時間ほど冷やす。
3　もう一度混ぜ合わせ、冷凍室でかたまるまで冷やす。
4　器に盛り、ミントを飾る。

「いちご×ヨーグルトの、ほんのりピンクがかわいい鉄板デザート」

夏
summer

小田原干し

回 梅干し　赤じそ入り

材料（作りやすい分量・
　4ℓ容量の保存瓶1個分）
（赤じそ入り、小田原干し共通）
南高梅（完熟）…2kg
ホワイトリカー…1/2カップ
粗塩…300g
（赤じそ入り用）
⋮　赤じそ…300g（正味）
⋮　粗塩…60g

赤じそ入り　作り方1〜16

小田原干し　作り方1〜7、
13〜14、16

1　梅はキズがつかないように
　やさしく洗い、竹串の先で
　なり口を取って水けをふき
　取る。

2　ボウルに1を入れ、ホワイ
　トリカーをまわしかける。

3　全体に手でやさしくなじま
　せ、余分なホワイトリカー
　を捨てる。

4　保存瓶をホワイトリカー適
　量（分量外）で消毒し、底部
　に粗塩適量を敷く。残りの
　粗塩を少しずつまぶしなが
　ら梅を重ね入れる。

5　一番上に多めに粗塩をのせ
　る。

6　ふたをしめ、瓶をふって全
　体に粗塩をなじませる。そ
　のまま5〜6日常温におく。

7 梅酢が上がってきたら本漬けをする。小田原干しの場合は、このまま梅雨明けまで冷暗所におき、作り方13へ。

8 赤じその準備をする。赤じそは葉を摘み、流水でよく洗ってからざるに広げて水けをきり、少し乾かす。

9 ボウルに赤じそを入れ、赤じそ入り用の粗塩の半量を全体にまぶす。両手で塩をなじませるようにし、ギュッとにぎってはもむを繰り返し、濁った汁を出す。

10 赤じそをしっかりしぼり、濁った汁を捨てる。ボウルに赤じそを戻し入れ、残りの赤じそ入り用の粗塩の半量をまぶして同様の作業を2回ほど繰り返す。

11 ボウルに汁けをしぼった赤じそを入れ、7の梅酢180mlを加えて発色させる。

12 7の梅の上に11の赤じそをのせる（ボウルに残った梅酢も加える）。このまま梅雨明けまで冷暗所におく。

13 土用になったら12（小田原干しは7）を盆ざるに並べて天日に3日間干す。赤じそも汁けをしぼって盆ざるに広げて干す。時々、上下を返す。梅酢も天日にあてるとよりよい。

14 梅にしわが寄ってふっくらしたら、それぞれの梅酢にくぐらせて保存容器に入れる。赤じそ入りには赤じそも少量入れる。

15 残りの乾いた赤じそはフードプロセッサーにかけて攪拌してふりかけにする。

16 梅酢はそれぞれ別の容器に入れ、酢として使う。

＊ 梅はいい香りがしてくるまで常温において完熟させてから仕込むこと。

＊ なり口を取るのが面倒な場合は取らなくてもよい。

＊ 土用＝夏の土用を指す。一般的には7月後半から8月前半。

＊ 梅干しは冷蔵室または冷暗所で1年以上保存可（基本的には何年も保存可能だが、1〜2年くらいで食べ切った方がよりおいしい）。

＊ 赤じそふりかけは保存容器に入れ、冷蔵室または常温で1年間保存可。

＊ 白梅酢、赤梅酢はそれぞれ、冷蔵室で1年間保存可。

「初夏に仕込む保存食といえば、梅干し。私は毎年、赤じそを加えたバージョンと、加えない小田原干しと呼ばれる2種を仕込んで料理によって使い分けています。基本的には見た目が違うくらいで、味わいはさほど変わらないのでお好みでどうぞ」

材料（作りやすい分量）
すいか…500g（正味）
梅干し（p.32）…2個
太白ごま油…大さじ2
塩…少々
花穂じそ…少々
黒こしょう…少々

1 すいかはひと口大に切る。
2 梅干しは種を取り、包丁でたたいてペースト状にする。
3 ミキサーに1、2、ごま油を入れ、なめらかになるまで撹拌する。塩で味をととのえ、冷蔵室で冷やす。
4 器に注ぎ、花穂じそをちらす。こしょうをふり、太白ごま油少々（分量外）をたらす。

◼ すいかと梅干しのすり流し

「ほんのり甘くて、ちょっと酸っぱい。夏を感じるみずみずしい味わい」

材料（作りやすい分量）
みょうが…3個
大葉…5枚
焼きのり…1枚
梅干し（p.32）…2個
かつお節…5g
練りわさび…小さじ2
しょうゆ…小さじ1

1 みょうがと大葉はせん切りにする。焼きのりは手で細かくちぎる。
2 梅干しは種を取り、包丁でたたいてペースト状にする。
3 ボウルに1、2、かつお節、練りわさびを入れ、しょうゆを加えてさっと混ぜる。

■錦木

「錦木とは、みょうがや大葉などの夏の薬味にかつお節やのりを合わせ、わさびをきかせたもの。
梅干しを加えてさらに風味豊かに」

■ 豚バラの梅炒め

材料（3〜4人分）
豚バラ薄切り肉…250g
長ねぎ…1/4本
にんにく…1片
梅干し（p.32）…3個

A
　紹興酒…大さじ1
　砂糖…小さじ1
　しょうゆ…大さじ1
　みりん…大さじ1
　片栗粉…小さじ1
油…大さじ1
大葉（粗みじん切り）…3枚分
キャベツ（せん切り）…適量

1　豚肉は5cm幅に切り、1枚ずつほぐして
　　ボウルに入れる。
2　長ねぎとにんにくはみじん切りにする。
　　梅干しは種を取り、包丁でたたいてペー
　　スト状にする。種は取っておく。
3　1に2（梅干しの種も）とAを加え、混ぜ
　　ながらもみ込み、10分ほどおく。
4　フライパンに油を熱し、3を漬け汁ごと
　　入れて炒める。
5　梅干しの種を除いて器に盛り、大葉をち
　　らしてキャベツを添える。

「梅干しの種もいっしょに炒めた、しょうが焼き梅バージョン。梅の酸味で豚バラのコクはそのままに後味あっさり」

■ 梅と大根の雑炊

材料（2～3人分）
大根…200g
梅干し（p.32）…3個
ご飯…200g
A
｜ だし汁…3カップ
｜ 薄口しょうゆ…大さじ1と1/2
｜ みりん…大さじ1と1/2
水溶き片栗粉（同量で溶いたもの）…大さじ1
溶き卵…1個分
三つ葉（小口切り）…3本分

1 大根は半分をせん切り、残り半分をすりおろして汁
　けを軽くきる。
2 梅干しは種を取り、果肉を手でちぎる。
3 ご飯は流水でさっと洗ってほぐし、ざるにあけて水
　けをきる。
4 鍋にAを入れ、火にかける。煮立ったら1のせん切
　りにした大根と2を加える。大根がやわらかくなっ
　たらご飯を加えてさっと煮る。
5 4に水溶き片栗粉を加えて混ぜ、とろみをつける。
6 大根おろしを加えて混ぜ、溶き卵をまわし入れて好
　みの加減に火を入れる。器に盛り、三つ葉をちらす。

「大根おろしと梅干しであっさり、さっぱり。卵のふわふわがやさしい味わいをプラス」

きくらげもやし梅酢漬け

材料（2〜3人分）
生きくらげ…50g
もやし…1袋（約200g）
塩…少々
A
　白梅酢（p.35）…大さじ3
　みりん…大さじ2
　砂糖…大さじ1
白いりごま…少々

1　きくらげはかたい部分を切り取り、細切り
　　にする。もやしはひげ根を取る。
2　鍋に湯を沸かし、1をさっとゆでる。ざる
　　にあけ、熱いうちに塩をふってそのまま冷
　　ます。
3　ボウルにAを合わせ入れ、2の水けをしっ
　　かりしぼって加える。冷蔵室で2時間以上
　　おいて味をなじませる。
4　器に盛り、白ごまをふる。

「白梅酢にほんの少しの甘みを加えることでやさしい味わいに。箸休めにもちょうどいい副菜が完成」

■即席しば漬け

材料(作りやすい分量)
きゅうり…1本
なす…2本
みょうが…2個
粗塩…約7g(野菜の重量の2%)
梅干し 赤じそ入りの赤じそ
　(漬けているもの。p.35)…30g
A
⋮赤梅酢(p.35)…大さじ3
⋮みりん…大さじ2

1　きゅうりは小口切りにする。なすは縦半分
　に切ってから横薄切りにし、水にさらして
　アクをぬく。みょうがも縦半分に切ってか
　ら横薄切りにする。
2　1に粗塩をまぶし、30分ほどおく。さっと
　洗って水けをしっかりしぼる。
3　赤じそは汁けをしぼってみじん切りにす
　る。
4　2に3とAを加えてあえ、冷蔵室で2時間
　以上おいて味をなじませる。

「赤じそと梅酢の酸味がきいた夏野菜の即席漬け。ご飯にも麺にも！」

□ 小梅のカリカリ漬け

材料（作りやすい分量・
　2.7ℓ容量の保存容器1個分）

小梅…1kg
ホワイトリカー…1/4カップ
粗塩…140g
A
　砂糖…20g
　酢…1/4カップ
　だし昆布（粗く割ったもの）
　　…5cm角1枚分

1　小梅はたっぷりの水にひと晩つけてアクぬき
　　をする。

2　竹串でなり口を取り、1個ずつ水けをふく。

3　ボウルに入れてホワイトリカーをまわし入れ
　　てなじませ、余分なホワイトリカーを捨てる。

4　22×16×H9cmの保存容器に入れて粗塩をま
　　ぶし、重しをして5〜6日常温におく（a）。

5　保存容器に移し、Aを加えて（b）ふたをしめ
　　る。ざっと全体をふってなじませ、冷蔵室で
　　2カ月間漬ける。

＊　冷蔵室または冷暗所で1年以上保存可（基本的に
　　は何年も保存可能だが、1〜2年くらいで食べ
　　切った方がよりおいしい）。

「お弁当に入っているあの小梅を手作り。昆布のうまみも加えて贅沢に仕上げてみました」

たこと小梅の韓国風

材料(2〜3人分)
ゆでだこの足…60g
万能ねぎ…3本
小梅のカリカリ漬け(p.42)…10個
A
⋮ コチュジャン…大さじ1
⋮ みりん…小さじ1
⋮ ごま油…小さじ1

1 たこはひと口大に切る。万能ねぎは3cm
　幅に切る。
2 小梅は包丁で半分に割って種を取る。
3 Aを混ぜ合わせ、1と2をあえる。

「たこのうまみに小梅のさわやかな酸味、それにコチュジャンの辛みがいい組み合わせ」

材料（作りやすい分量）
クリームチーズ…40g
にんにく…1片
小梅のカリカリ漬け（p.42）…10個
オリーブオイル…1/2カップ
黒こしょう…少々

1　クリームチーズは1cm角に切る。にんに
　　くはみじん切りにする。
2　保存容器に1と小梅を入れ、オリーブオ
　　イルをまわしかける。冷蔵室で1時間以
　　上おいて味をなじませる。
3　器に盛り、こしょうをふる。

小梅のオリーブ風つまみ

「オリーブかと思いきや、小梅！
にんにくの風味をまとったクリームチーズとともに食べてほしい新感覚おつまみ」

回 はちみつ梅

材料（作りやすい分量・4ℓ容量の保存瓶1個分）
南高梅（完熟）…2kg
粗塩…200g
はちみつ…2と1/2カップ
酢…4カップ

1 梅はたっぷりの水にひと晩つけてアクぬきを
　する。
2 竹串でなり口を取り、1個ずつ水けをふく。
3 保存瓶に2を入れ、粗塩を加える。瓶をふっ
　て全体になじませる。
4 はちみつと酢を加え（a）、ふたをして常温に
　おく。1日に1回ほど、瓶をやさしくふって
　なじませる。
5 土用になったら盆ざるに並べ、天日に3日間
　干す。梅酢にくぐらせて保存容器に入れる
　（p.35作り方13、14参照）。
＊ 冷蔵室または冷暗所で1年以上保存可（基本的に
　は何年も保存可能だが、1〜2年くらいで食べ
　切った方がよりおいしい）。

a

「いつもの梅干しに、はちみつのやさしい甘みを加えて上品に仕上げました」

■梅チーズ

材料（2〜3人分）
はちみつ梅（p.46）…3個
クリームチーズ（室温にもどしておく）
　…50g
砂糖…小さじ1
万能ねぎ（小口切り）…2本分
白いりごま…適量
焼きのり…適量
クラッカー…適量

1　はちみつ梅は種を取り、包丁でたたいて
　ペースト状にする。
2　ボウルにクリームチーズを入れ、やわら
　かくなるまで練る。
3　2に1、砂糖、万能ねぎを加え、混ぜ合
　わせる。
4　器に好みで大葉を敷いたところに3を盛
　る。白ごまをふり、のりとクラッカーを
　添える。

「梅とはちみつの甘酸っぱい風味に、クリームチーズのコクを加えたおつまみクリーム。
のりに挟んだり、クラッカーにのせてどうぞ」

■梅干し射込み天ぷら

材料（2人分）
はちみつ梅（p.46）…6個
栗の蜜煮（p.148、
　または市販）…2個
小麦粉…適量
A
　⋮小麦粉…適量
　⋮冷水…適量
揚げ油…適量

1　はちみつ梅は菜箸で果肉に穴をあけ、種
　　を取り出す。
2　栗を3等分に切り、1の中に詰めて（a）
　　形を整える。
3　小麦粉を薄くまぶし、Aを合わせた衣に
　　くぐらせる。170℃ほどの揚げ油にそっ
　　と入れ、2分ほど揚げる。

a

「射込みとは中をくりぬき、そこに何か別のものを詰める料理のこと。

何もつけずに梅干しの甘酸っぱさと栗の甘み、衣のサクッふわ感を味わってみてください」

□ 梅のしょうゆ漬け

材料（作りやすい分量・2.7ℓ容量の保存容器1個分）
梅…500g
しょうゆ…2カップ
みりん…1/2カップ

1　梅は洗って竹串でなり口を取り、1個ずつ水
　　けをふく。
2　保存容器に入れ、しょうゆとみりんを合わせ
　　て注ぐ（a）。冷蔵室で1カ月間漬ける。
＊　梅は南高梅でも青梅でもどちらでも。
＊　冷蔵室で半年間保存可。

「梅のうまみがしょうゆに行き渡り、梅にもまた、しょうゆとみりんのうまみがしみた、
双方いいとこどりの保存食＆調味料」

■ キャベツ、レタスの梅サラダ

材料（3〜4人分）
キャベツ…200g
レタス…200g
梅のしょうゆ漬けの梅（p.50）…3個
A
: 梅のしょうゆ漬けの漬け汁（p.50）
: …大さじ2
: 油…大さじ2
: 黒こしょう…少々
白いりごま…適量

1 キャベツとレタスはせん切りにし、合わせて水にさらしてシャキッとさせる。ざるにあけ、水けをきって冷蔵室で冷やす。
2 梅のしょうゆ漬けの梅は、種を取って粗みじん切りにする。
3 ボウルに1を入れ、Aをよく混ぜ合わせて加え、さっとあえる。
4 器に盛り、2と白ごまをちらす。

「シャキシャキのキャベツとレタスに時々現れる梅の果肉がいいリズム。あっさりだけど満足感があるのは、梅のおかげ」

■ いわしの塩焼き 梅トマトだれ

材料（2人分）
いわし…4尾
トマト…1個
大根おろし…50g
梅のしょうゆ漬けの梅（p.50）…2個
大葉…3枚
A
　梅のしょうゆ漬けの漬け汁（p.50）
　　…大さじ1
　酢…大さじ1
　油…大さじ1
塩…少々
レモン…1/4個

1　いわしは頭と内臓を取って流水で洗い、水けをしっかりふく。
2　トマトは1cm角に切る。大根おろしは汁けをきる。梅のしょうゆ漬けの梅は、種を取って粗みじん切りにする。大葉は粗く刻む。
3　2とAを混ぜ合わせ、冷蔵室で冷やす。
4　1に塩をふり、グリル、または魚焼き器で焼く。
5　器に盛り、3とくし形切りにしたレモンを添える。

トマトの甘みを引き出した梅じょうゆだれが、塩焼きしただけのいわしにうまみを加えるシンプルな逸品」

■梅チキン南蛮

材料（2人分）
鶏もも肉…1枚（約250g）
A
　酒…大さじ1
　梅のしょうゆ漬けの漬け汁
　　（p.50）…大さじ1
　こしょう…少々
梅のしょうゆ漬けの梅（p.50）…3個
万能ねぎ…3本
ゆで卵…1個
B
　マヨネーズ…大さじ3
　はちみつ…小さじ1

片栗粉…適量
揚げ油…適量
レタスの葉…2枚

1　鶏肉は余分な脂を取り除き、ひと口大に切っ
　　てAをもみ込んで15分ほどおく。
2　梅のしょうゆ漬けの梅は、種を取って粗みじ
　　ん切りにする。万能ねぎは小口切りにする。
　　ゆで卵は殻をむいて粗みじん切りにする。
3　2とBを混ぜ合わせる。
4　1の汁けをきって片栗粉をたっぷりまぶし、
　　170℃の揚げ油で3分ほど揚げる。一度引き
　　上げて3分ほど休ませ、さらに1分30秒ほ
　　ど揚げる。
5　器にレタスの葉を食べやすくちぎって敷いて
　　4を盛り、3をかける。

「外はカリッと、中はジュワーッとジューシーな肉汁を携えた揚げたてチキンに、
梅のカリカリ感を残したタルタルをまとわせた新チキン南蛮」

材料（2人分）
かれい…2切れ
ごぼう…60g
A
: 酒…180ml
: 砂糖…大さじ2
: 梅のしょうゆ漬けの漬け汁
:   （p.50）…大さじ4
: みりん…90ml
: 水…360ml
梅のしょうゆ漬けの梅（p.50）
　…4個
木の芽…少々

1　かれいは熱湯にさっとくぐらせてから冷水に
　　落として霜降りにする。アクとうろこを取り、
　　水けをしっかりふく。
2　ごぼうはひと口大の乱切りにし、水からやわ
　　らかくなるまでゆでる。
3　フライパンにA、1、2、梅のしょうゆ漬けの
　　梅を入れ（a）、火にかける。煮立ったらアル
　　ミホイルをかぶせて落としぶたにし、弱火に
　　して15分ほど煮る。火を止め、粗熱がとれ
　　るまでそのままおく。
4　器に盛り、木の芽をあしらう。

a

■かれいの梅煮つけ

「いつものかれいの煮つけも梅のしょうゆ漬けがあれば、程よい酸味と甘みのある煮汁もあっという間」

梅のみそ漬け

材料（作りやすい分量・
  23×16×H9㎝の保存容器1個分）
梅…500g
みそ…450g
砂糖…210g
ホワイトリカー…1/4カップ

1　梅は洗って竹串でなり口を取り、1個ずつ水
　けをふく。
2　みそと砂糖をよく混ぜ合わせる。
3　保存容器に2を薄く敷き詰め、重ならないよ
　うに1を並べ入れる（a）。さらに上から2を
　重ねてぬり（b）、ホワイトリカーをふりかけ
　る（c）。
4　冷蔵室で1カ月間漬ける。
＊　梅は南高梅でも青梅でもどちらでも。
＊　冷蔵室で1年間保存可。

「ほんのり甘いみそに梅の果汁がにじみ出た贅沢みそ。梅にもみそのうまみがしみしみ。
最後にホワイトリカーをふることで香りがよくなり、日もちもします」

■ 梅みそとろろ

材料（1～2人分）
やまといも…120g
A
⋮ だし汁…1/2カップ
⋮ 梅のみそ漬けのみそ（p.56）…大さじ2
梅のみそ漬けの梅（p.56）…2個
卵黄…1個分
温かいご飯…適量

1　やまといもはすりおろす。
2　Aを混ぜ合わせて1に少しずつ加えてのばす。
3　梅のみそ漬けの梅は種を取り、粗みじん切りにする。
4　器に2を入れ、卵黄をのせて3をちらす。ご飯にかけて食べる。

「だし汁と梅のみそ漬けのみそでのばしたとろろに、刻んだみそ漬けの梅の味わいと食感がアクセント」

材料（2人分）
豚バラ薄切り肉…200g
なす…2本
玉ねぎ…1/2個
大葉…3枚
梅のみそ漬けの梅（p.56）…2個
A
　酒…大さじ3
　梅のみそ漬けのみそ（p.56）…大さじ2
油…大さじ2

1　豚肉は5cm幅に切る。なすはひと口大の乱切りにしてさっと水にさらして水けをきる。玉ねぎは縦1cm幅に切り、大葉は粗く刻み、梅のみそ漬けの梅は種を取り、粗みじん切りにする。

2　フライパンに油を熱し、豚肉を炒める。豚肉の色が変わったらなすと玉ねぎを加え、油がなじむまで炒める。

3　梅のみそ漬けの梅とAを加えて炒め合わせ、仕上げに大葉を加えてざっと炒める。

■ 豚となすの梅みそ炒め

「豚肉と夏野菜のみそ炒めに梅のみそ漬けのみそと梅が、上品な酸味とうまみをプラス。ご飯がモリモリすすみます」

◼ かじきの梅みそ田楽焼き

材料（2人分）

めかじき…2切れ

塩…少々

小麦粉…適量

梅のみそ漬けの梅 (p.56)…2個

長ねぎ…1/4本

A

　梅のみそ漬けのみそ (p.56)…大さじ3

　卵黄…1個分

油…大さじ1

すだち…1個

1　めかじきは水けをふき、塩を薄くふって小麦粉をまぶす。

2　梅のみそ漬けの梅は種を取って粗みじん切り、長ねぎはみじん切りにしてＡと混ぜ合わせる。

3　フライパンに油を熱し、1を両面こんがり焼いて取り出す。

4　上に2をぬり、オーブントースターで焼き目がつくまで焼く。

5　器に盛り、すだちを半分に切って添える。

「梅のさわやかな酸味で、めかじきの甘みにアクセント。梅みその香ばしい焼き目が食欲をそそります」

材料（作りやすい分量）
じゃがいも（男爵）…2個
塩…適量
A
⋮ 小麦粉…25g
⋮ 片栗粉…15g
⋮ 水…1/4カップ
B
⋮ 砂糖…大さじ1
⋮ 梅のみそ漬けのみそ (p.56)…大さじ3
揚げ油…適量

1 じゃがいもはひと口大に切って水からやわ
　らかくなるまで塩ゆでする。
2 ボウルにＡを混ぜ合わせ、1の水けをきっ
　て加える。つぶしながらよく混ぜ合わせ、
　ひと口大に丸める（やわらかすぎる場合は
　小麦粉を適量加える）。
3 170℃の揚げ油で2を2～3分揚げる。
4 器に盛り、Ｂを混ぜ合わせてまわしかける。
＊ たれに梅のみそ漬けの梅を刻んで加えてもお
　いしい。

梅みそポテト

「秩父名物『みそポテト』をアレンジ。ふわっと口の中でとろけるクリーミーなじゃがいもと甘じょっぱいたれが相性抜群」

□ 梅酒

材料（作りやすい分量・
　4ℓ容量の保存容器1個分）
青梅…1kg
氷砂糖…700g
ホワイトリカー…1.8ℓ
ブランデー…1/2カップ

1　梅はたっぷりの水につけてひと晩おいてアクをぬく
　　(a)。
2　竹串でなり口を取り、1個ずつ水けをふく。
3　保存容器に梅と氷砂糖を交互に入れ (b)、ホワイトリ
　　カーとブランデーを注いで (c) ふたをする。冷暗所で3
　　カ月ほどおく。
＊　冷暗所で保存する。何年も保存可能だが、1年経ったら梅は
　　取り出した方がいい。
＊　取り出した梅は針打ち (p.69作り方2参照) してからゆっく
　　りゆでてアルコール分をぬき、パウンドケーキに入れて焼き
　　込んだり、シャーベットにしたりして楽しむといい。

「仕上げに加えたブランデーが香りとコクをプラスする、料理にもお菓子にも使える万能スタイル」

■ 梅鶏ごぼう

材料（2〜3人分）
梅酒の梅（p.62）…3個
鶏もも肉…1枚（約250g）
ごぼう…150g
A
　梅酒（p.62）…大さじ3
　砂糖…大さじ1/2
　しょうゆ…大さじ2
油…大さじ1

1　梅酒の梅は種を取って4等分に切る。鶏肉は
　余分な脂を取り除き、ひと口大に切る。
2　ごぼうはひと口大の乱切りにし、水からやわ
　らかくなるまでゆでて水けをきる。
3　フライパンに油を熱し、2を炒める。油がな
　じんだら鶏肉を加え、肉の色が変わる程度に
　炒め合わせる。
4　1の梅とAを加えて弱火にし、アルミホイル
　をかぶせて落としぶたにし、3分ほど煮る。
5　アルミホイルをはずし、へらで混ぜながら照
　りが出るまで一気に煮る。

「鶏肉のうまみに梅酒の風味が加わった、新感覚鶏ごぼう。ひと口で虜になるおいしさ！」

■梅酒酢豚

材料（2〜3人分）

玉ねぎ…1/2個
赤パプリカ…1/4個
黄パプリカ…1/4個
豚バラ薄切り肉…200g
塩…少々
黒こしょう…少々
A
：溶き卵…1個分
：片栗粉…大さじ2
：小麦粉…大さじ2
：水…大さじ1

B
：梅酒（p.62）…大さじ3
：砂糖…大さじ1
：しょうゆ…大さじ1
：酢…大さじ1
：水…大さじ1
水溶き片栗粉（同量で溶いた
　もの）…大さじ2
油…小さじ1
揚げ油…適量

1　玉ねぎとパプリカは縦薄切りにして水にさ
　　らし、水けをきって冷蔵室で冷やしておく。
2　豚肉は片面に塩、こしょうをふり、手前か
　　らきつくくるくる巻く。
3　Aを混ぜ合わせ、2をくぐらせる。
4　170℃の揚げ油で3を3分ほど揚げ、油を
　　きる。
5　フライパンにBを合わせ入れ、火にかける。
　　煮立ったら水溶き片栗粉を加えてとろみを
　　つけ、混ぜながら油を加えてつやを出す。
6　4を加えて全体にからめる。
7　器に1を敷いて6をのせる。

「豚バラ肉を丸めて作る、お手軽酢豚。紹興酒代わりに梅酒を使い、ほんのり梅とブランデーの風味を加えて」

さわらの梅照り焼き

材料（2人分）
さわら…2切れ
大根…100g
大葉（粗みじん切り）…3枚分
梅酒の梅（p.62）…1個
A
　梅酒（p.62）…1/2カップ
　しょうゆ…大さじ1と1/3
油…大さじ1

1　さわらは水けをふく。
2　大根はすりおろして汁けをきり、大葉と混ぜ合わせる。
3　梅酒の梅は種を取り、半分に切る。
4　フライパンに油を熱し、1を皮目から焼く。両面にこんがり焼き目がついたらフライパン内の余分な脂をふき取り、Aと3を加えて煮からめる。
5　器に4を盛り、2を軽くしぼって添える。

「梅酒入りのたれで煮からめるから、みりんも砂糖もなし。ブランデーのおかげで上品なコクが加わります」

材料（約120㎖の耐熱グラス4個分）

梅酒の梅（p.62）…2個

板ゼラチン…4g

A
 ┊ 梅酒（p.62）…1/2カップ
 ┊ 水…1カップ
 ┊ はちみつ…大さじ2

1 梅酒の梅は半分に割って種を取る。

2 板ゼラチンは冷水につけてふやかす。

3 鍋にAを入れ、弱火にかける。煮立ったら火を止め、2の水けをしぼって加え、溶かす。

4 耐熱グラスに1を等分に入れ、3を流し入れる。冷蔵室で冷やしかためる。

梅酒ゼリー

「梅酒のふるふるゼリーは、大人の夏のお楽しみデザートです」

回 **梅シロップ**

材料（作りやすい分量・
　4ℓ容量の保存容器1個分）
青梅…1kg
氷砂糖…1kg

1　梅はたっぷりの水につけてひと晩おいてアクをぬく。
2　竹串でなり口を取り、1個ずつ水けをふく。針や竹串
　　などで全体に穴をあける（針打ち。a）。
3　保存容器に梅と氷砂糖を交互に入れる。梅全体にシ
　　ロップが行き渡るように毎日2～3回、容器を回す
　　（b）。
4　常温において2週間ほどするとシロップが上がってく
　　るので冷蔵室、または冷暗所でそのままおく。1カ月
　　半ほど経ったら、梅は取り出す。
＊　冷蔵室、または冷暗所で2年間保存可。

「夏の渇きと疲れを癒す自然のエナジードリンクの素。水や炭酸水で割ってゴクゴクどうぞ」

梅シロップスムージー

材料（2人分）
サラダほうれん草…100g
りんご…1/2個
バナナ…1本
梅シロップの梅（p.68）…1個
A
⋮梅シロップ（p.68）…大さじ2
⋮水…1/2カップ

1　ほうれん草は3cm幅に切る。
2　りんごは皮つきのままひと口大に切る。バナナはひと口大に切る。梅シロップの梅は種を取って粗みじん切りにする。
3　ミキサーに2を入れて上に1をのせ、Aを注いでなめらかになるまで攪拌する。
4　冷やしてからグラスに注ぐ。

「梅シロップで作る朝のフレッシュな1杯。朝ごはん代わりにも」

■梅ジャム

材料（作りやすい分量）
梅シロップの梅（p.68）…200g（正味）
砂糖…100g

1 梅シロップの梅は種を取り、包丁で刻んでペースト状
 にする。
2 鍋に1と水1/2カップを入れ、弱火にかけて木べらで
 混ぜながら煮る。出てきたアクはひく。
3 砂糖を加えて混ぜ、とろっとするまで煮詰める。熱い
 うちに耐熱の保存容器に入れる。
＊ 粗熱がとれたら冷蔵室で保存する。

「梅の粒感がおいしい、食べるジャム。バターをぬったトーストに、たっぷりのせて」

赤じそシロップ

材料（作りやすい分量）
赤じそ…200g（正味）
A
　レモン汁…2個分
　酢…1/2カップ
砂糖…500g

1　赤じそは葉を摘み、よく洗って水けをきる。
2　琺瑯など酸に強い鍋に湯を2ℓ沸かし、1を
　　加えて10分ほど煮る。出てきたアクはひく。
3　葉が緑色になり香りが立ったら（a）、葉を引
　　き上げてAを加える。色が変わったら砂糖を
　　加えて（b）煮溶かす。
4　ざるで濾し、粗熱がとれるまでおく。
＊　保存瓶に入れ、冷蔵室で半年間保存可。

「夏の体が欲する、定番エナジードリンク。
炭酸水や水で割ったり、くず粉を加えてデザートにしたりと、いろいろ楽しめます」

赤じそラッシー

材料（2人分）
赤じそシロップ（p.72）…大さじ6
プレーンヨーグルト…3/4カップ

ボウルにすべての材料と水1/2カッ
プを入れてよく混ぜ、冷やしたグラ
スに注ぐ。

「赤じそシロップにヨーグルトと水を加えるだけ。さわやかな酸味にミルキーさが加わった夏のデザートドリンク完成」

■ 赤じそくず茶巾

材料（2〜3人分）
赤じそシロップ（p.72）…80㎖
くず粉…20g
黒蜜…適量

1 ボウルにくず粉を入れ、水1/2カップを少しずつ注いで溶かす。
2 赤じそシロップを加えて混ぜる。
3 ざるで濾して鍋に移し入れ、弱火にかけて木べらでもっちりするまで練る。
4 小さい器にラップを大きめに切って敷き、3を適量ずつ分け入れる（a）。茶巾にしぼって（b）輪ゴムで口をとめる（c）。氷水に入れ、30分ほど冷やしかためる（d）。
5 ラップをそっと取り除いて器に盛り、黒蜜をかける。

「ぷるんとした食感も、ピンク色もかわいいデザート。ほんのり香る赤じそがさわやか」

青梅の蜜煮

材料（作りやすい分量）
青梅 … 1kg
砂糖 … 960g

1　梅は洗って、竹串でなり口を取って針で全体に穴をあける（p.69 作り方 **2** 参照）。

2　ボウルに入れ、たっぷり水を注いで1日おく。

3　水ごと鍋に移し入れ、弱火にかける。30分ほど煮て梅の色が変わって浮いてきたら火を止めてそのままひと晩おく。

4　ボウルに移し、新しい水に入れ替えて2時間ほどおく。

5　琺瑯など酸に強い鍋に **4** を手でそっと移し入れ、重ならないように並べる（a）。砂糖と水6カップを加え、火にかける。煮立ったらペーパータオルをかぶせて（b）弱火にし、10分ほど静かに煮る。火を止め、完全に冷ます。

6　保存容器に移し入れ、冷蔵室でさらに1週間ほどおくとよりおいしい。

＊　冷蔵室で1年間保存可。

「青梅、砂糖、水だけで煮る、至極シンプルな梅煮。夏の疲れを癒すべく、そのままパクッといくもよし、氷菓子にしたり、前菜のひと皿に甘みを生かした味を添えるもよし」

■ 青梅の白あえ

材料（2〜3人分）
青梅の蜜煮（p.76）…4個
絹ごし豆腐…200g
A
  マスカルポーネチーズ…大さじ2
  青梅の蜜煮のシロップ（p.76）…小さじ1
  塩…少々
黒こしょう…少々

1　青梅の蜜煮は種を取って4等分する。
2　豆腐はペーパータオルで包んで重しをし、30分ほど水きりする。
3　2とAをなめらかになるまで混ぜ合わせる。
4　1を3でさっくりあえ、器に盛ってこしょうをふる。

「豆腐のクリーミーな味わいに、青梅の甘みある酸味がいいバランス。
こしょうでアクセントを」

■青梅氷

材料 (作りやすい分量)
A
:青梅の蜜煮のシロップ (p.76) … 3/4 カップ
:水 … 3/4 カップ
:レモン汁 … 大さじ 1/2
青梅の蜜煮 (p.76) … 適量

1 Aを混ぜ合わせ、金属製の容器に入れ冷凍室で冷やしかためる。フォークで全体をくずしながら混ぜ、もう一度、冷凍室で冷やしかためる。
2 フォーク、またはスプーンでくずしながらすくって器に盛り、青梅の蜜煮を添える。

「口の中でふわっと雪のように溶けるやさしい氷菓子。
青梅をかじりながら、氷を喉にスーッとすべらせて味わってみてください」

□ 塩らっきょう

材料（作りやすい分量・
　4ℓ容量の保存容器1個分）
泥つきのらっきょう…2kg
粗塩…200g
赤唐辛子（種を取ったもの）
　…3〜4本

1　らっきょうは1個ずつバラして、水を
　はったボウルに入れて洗い、泥をしっか
　り落とす。
2　根と芽を包丁で切り落とす（根はギリギ
　リを切り落とし、切りすぎないようにす
　る）（a-1、2）。
3　指の腹を使って薄皮をやさしくむく（b）。
　傷んでいる部分は包丁で厚めにむく
　（c）。
4　ボウルに水1.5ℓを入れ、粗塩を加えて
　よく溶かし混ぜる。
5　保存容器に3と赤唐辛子を入れ、4を注
　ぐ（d）。常温において毎日ゆすりながら
　10日ほど漬ける。食べるときに0.5％の
　塩水に3〜4時間つけて塩ぬきをする。
＊　冷暗所、または冷蔵室に入れて3年間保存
　可。冷蔵室に入れておくとカリカリ感が持
　続する。

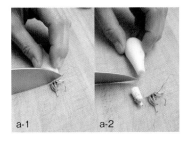
a-1　a-2

b

c

d

「甘酢漬けなどにする前のベースとなる塩漬けは、
さまざまな味わいに展開できるので多めに漬けておくといいですよ」

らっきょう いろいろ

甘酢漬け

材料（作りやすい分量・900ml容量の保存瓶1個分）
塩ぬきした塩らっきょう（p.80）…400g
A
⋮ 米酢…1カップ
⋮ 砂糖…80g
⋮ 赤唐辛子（種を取ったもの）…2本分
⋮ 水…1カップ

1 塩ぬきした塩らっきょうは熱湯でさっとゆ
　で、ざるにあける。そのまま少しおいて水
　けをとばす。
2 鍋にAを入れ、ひと煮立ちさせてそのまま
　冷ます。
3 1を保存瓶に入れ、2を注ぐ。3日ほど経っ
　たら食べられる。
＊ 冷蔵室で半年間保存可。

赤ワイン漬け

材料（作りやすい分量・900ml容量の保存瓶1個分）
塩ぬきした塩らっきょう（p.80）…400g
A
⋮ 米酢…1カップ
⋮ 赤ワイン…1/2カップ
⋮ 砂糖…150g

1 塩ぬきした塩らっきょうは熱湯でさっとゆ
　で、ざるにあける。そのまま少しおいて水
　けをとばす。
2 鍋にAを入れ、ひと煮立ちさせてそのまま
　冷ます。
3 1を保存瓶に入れ、2を注ぐ。3日ほど経っ
　たら食べられる。
＊ 冷蔵室で半年間保存可。

「塩漬けしておいたものを、おなじみの甘酢漬けやしょうゆ漬けなどで楽しむのもよし。
赤ワイン漬け、はちみつレモン漬けといった新たな味わいもぜひ楽しんでいただきたい！」

しょうゆ漬け

材料 (作りやすい分量・900ml容量の保存瓶1個分)
塩ぬきした塩らっきょう (p.80) …400g
A
┊酒…180ml
┊しょうゆ…180ml
┊みりん…60ml
┊だし昆布…5g
赤唐辛子 (種を取ったもの) …2本分

1 塩ぬきした塩らっきょうは熱湯でさっとゆ
  で、ざるにあける。そのまま少しおいて水
  けをとばす。
2 鍋にAを入れ、ひと煮立ちさせてそのまま
  冷ます。
3 1を保存瓶に入れ、2を注ぎ、赤唐辛子を
  加える。3日ほど経ったら食べられる。
＊ 冷蔵室で半年間保存可。
＊ 昆布は1週間ほどで取り除く。

はちみつレモン漬け

材料 (作りやすい分量・900ml容量の保存瓶1個分)
塩ぬきした塩らっきょう (p.80) …400g
はちみつ…1/2カップ
砂糖…200g
A
┊米酢…1カップ
┊粗塩…小さじ1
レモン (国産) …1個

1 塩ぬきした塩らっきょうは熱湯でさっとゆ
  で、ざるにあける。そのまま少しおいて水
  けをとばす。
2 保存瓶に入れ、はちみつと砂糖をまぶして
  2～3日おく。砂糖が完全に溶けたらAを
  加えて混ぜる。
3 レモンを半分に切り、半分はしぼる。残り
  は薄切りにする。
4 2に3を加える。1週間ほど経ったら食べ
  られる。
＊ 冷蔵室で半年間保存可。

■ 豚らっきょうザーサイ炒め

材料（2〜3人分）
豚バラ薄切り肉…200g
ザーサイ…40g
らっきょう しょうゆ漬け（p.83）…10個
A
　酒…大さじ1
　らっきょう しょうゆ漬けの漬け汁（p.83）
　　…大さじ1
　みりん…大さじ1
ごま油…大さじ1
一味唐辛子…少々

1　豚肉は5cm幅に切る。
2　ザーサイはさっと洗って、大きければひ
　　と口大に切る。
3　フライパンにごま油を熱し、1を炒める。
　　火が通ったら2とらっきょう しょうゆ
　　漬けを加えて炒め合わせる。
4　Aを加えてさっと炒め合わせ、器に盛っ
　　て一味をふる。

「豚肉とらっきょうの鉄板コンビに、ザーサイも加えて贅沢に。
豚肉の甘みに、らっきょうとザーサイの塩けが程よい！」

■らっきょうトマトマリネ

材料（2〜3人分）
ミニトマト…10個
A
　塩…ひとつまみ
　砂糖…小さじ1
らっきょう 甘酢漬け（p.82）
　…6個
大葉…3枚
みょうが…1個

B
　らっきょう 甘酢漬けの漬け汁
　　（p.82）…大さじ2
　しょうゆ…小さじ2
　黒こしょう…少々
　油…大さじ2

1　ミニトマトは半分に切ってAをま
　ぶし、冷蔵室で30分ほど冷やす。
2　らっきょう 甘酢漬け、大葉、みょ
　うがは粗みじん切りにしてBと混
　ぜ合わせ、冷蔵室で30分ほど味
　をなじませる。
3　1と2をさっと混ぜ合わせる。

「トマトとらっきょうの、夏のうまみを凝縮したマリネ。
そのまま食べても、バゲットにのせてブルスケッタにしても」

材料（2〜3人分）
桃…1個
A
┆らっきょう 赤ワイン漬けの漬け汁
┆ （p.82）…大さじ3
┆オリーブオイル…大さじ1
らっきょう 赤ワイン漬け（p.82）…5個
生ハム…5枚
ルッコラ…1/2わ
黒こしょう…少々

1 桃は食べやすい大きさのくし形切りにし
てAであえ、冷蔵室で冷やす。
2 らっきょう 赤ワイン漬けは縦薄切りに
する。
3 器に生ハム、1、2を盛り合わせ、ルッ
コラを食べやすく切ってちらす。残った
Aをまわしかけ、こしょうをふる。

■生ハム、桃、らっきょう

「らっきょうと桃⁉と驚くなかれ。
これが不思議なくらいひとまとまりになって口の中でおいしいハーモニーを奏でます」

■ 鯛のソテー、らっきょうバターソース

材料（2人分）
にんじん…30g
しいたけ…2枚
らっきょう 甘酢漬け（p.82）
　…5個
万能ねぎ…2本
鯛…2切れ
塩…少々
黒こしょう…少々
小麦粉…適量
バター…20g
油…大さじ1

A
⋮ らっきょう 甘酢漬けの漬け汁
　（p.82）…大さじ2
⋮ 酒…大さじ2
⋮ 薄口しょうゆ…大さじ1

1　にんじん、しいたけ、らっきょう 甘酢漬けはみじん切り、万能ねぎは小口切りにする。
2　鯛は小骨を取り、塩、こしょうをふって全体に小麦粉をまぶす。
3　フライパンに油を熱し、2を皮目から入れる。両面こんがり焼き、取り出す。
4　フライパンをきれいにしてバターを入れ、弱火でにんじんとしいたけを炒める。しんなりしたららっきょうと万能ねぎを加えてさっと炒め、Aを加えてとろっとするまで煮詰める。
5　器に4を敷き、3をのせる。

「皮はカリッと、身はふんわり焼き上げた鯛に、
酸味と甘み、コクを携えたらっきょうバターソースを合わせた華やかなひと皿」

▣新しょうが甘酢漬け（写真左）

材料（作りやすい分量・900㎖容量の保存瓶1個分）
新しょうが…500g
A
┊米酢…1カップ
┊砂糖…80g
┊水…1カップ
塩…少々

1　しょうがは洗って、汚れが目立つところはスプーンを使ってこそげ取る（a）。繊維に沿って薄切りにする（b）。
2　Aを混ぜ合わせ、砂糖を溶かす。
3　鍋に湯を沸かし、1をさっとゆでてざるにあける。軽く塩をふってしばらくおき、水けをしっかりしぼる。
4　保存瓶に3を入れ、2を注ぐ（c）。冷蔵室で1日おく。翌日から食べられる。
＊　冷蔵室で1年間保存可。

▣みょうが甘酢漬け（写真右）

材料（作りやすい分量・900㎖容量の保存瓶1個分）
みょうが…12個
A
┊米酢…1カップ
┊砂糖…80g
┊水…1カップ
塩…少々

1　みょうがは根元を少し切り落とし、外葉を1枚はがして（a）、縦半分に切る。
2　Aを混ぜ合わせ、砂糖を溶かす。
3　鍋に湯を沸かし、1をさっとゆでてざるにあけ、塩をふる。
4　3の水けを軽くしぼって保存瓶に入れ、2を注ぐ（b）。冷蔵室で3時間以上おく。
＊　冷蔵室で1カ月間保存可。
＊　はがした外葉はややかたいので甘酢漬けには向かないが、刻んで薬味などに使うといい。

「ゆでてから塩をふっておくことで
美しいピンク色になります。そのまま食べても、
混ぜ寿司に加えたり、肉で巻いたりしても」

「旬のときに漬けておくと、寿司に混ぜ込んだり、
炒め物に加えたりと何かと便利。
そのままつまみにもなります」

■豚ガリ炒め

材料（2人分）
新しょうが甘酢漬け（p.88）…100g
豚こま切れ肉…200g
さやいんげん…6本
A
:新しょうが甘酢漬けの漬け汁（p.88）
:　…大さじ2
:酒…大さじ1
:しょうゆ…大さじ1
油…大さじ1
黒こしょう…少々

1　新しょうが甘酢漬けは汁けをきって
　　ひと口大に切る。いんげんは3〜4
　　等分の斜め切りにする。
2　フライパンに油を熱し、豚肉を炒め
　　る。豚肉がほぐれて火が通ったら、
　　1を加えて（a）炒め合わせる。
3　Aを加えて強火で炒め、器に盛って
　　こしょうをふる。

「甘酸っぱいガリの味わいが豚肉の甘みと調和。
薬味ではなく具材としてガリを使い、ボリュームもアップ」

■ みょうが寿司

材料（2人分）
ご飯…150g
A
⋮みょうが甘酢漬けの漬け汁（p.88）
⋮　…大さじ2
⋮塩…小さじ1/2
白いりごま…小さじ1
みょうが甘酢漬け（p.88）…6切れ

1　ご飯にAを混ぜ合わせて酢飯を作
　　り、白ごまを加えて混ぜ合わせる。
2　6等分し、ひと口大ににぎる（a）。
3　ペーパータオルにみょうが甘酢漬け
　　をのせて汁けをきり、2にのせて形
　　を整える。

a

「甘酢がきいた酢飯にシャキシャキのみょうが甘酢漬けをのせた夏のあっさり寿司。
つまみ感覚でいくらでも食べられる！」

新しょうがべっこう煮

材料 (作りやすい分量)
新しょうが…500g
A
⋮ しょうゆ…1カップ
⋮ みりん…1/2カップ

1 しょうがは洗って、汚れが目立つところはスプーンを使ってこそげ取る (p.89 新しょうが甘酢漬けの作り方1参照)。繊維に沿って薄切りにし、水でさっと洗う。

2 鍋に1の水けを切って入れ、Aを注いで火にかける。煮立ったら弱火にし、木べらで混ぜながら煮る。

3 煮汁が少なくなってきたら強火にし、煮汁がほぼなくなるまで煮詰めて (a) 火を止め、冷ます。

＊ 保存容器に入れ、冷蔵室で1年間保存可。

「べっこう色と呼ぶにふさわしい色になるまでしょうゆとみりんでしっかり味を含ませた、冷蔵室にあると便利な佃煮」

べっこう煮奴

材料（作りやすい分量）
絹ごし豆腐…1丁
新しょうがべっこう煮（p.92）…40g
塩昆布…5g
かつお節…3g

1　豆腐はペーパータオルに包んで水けをきり、8等分に切る。
2　新しょうがべっこう煮と塩昆布は粗みじん切りにする。
3　2とかつお節を混ぜ合わせる。
4　1に3をのせる。

「べっこう煮をかつお節と合わせることでマイルドな味わいに。
豆腐にのせれば薬味いらず、しょうゆいらずのつまみ奴完成！」

■ 鯵の新しょうがたたき

材料（2人分）
鯵（刺身用）…1尾
新しょうがべっこう煮
　（p.92）…30g
万能ねぎ…3本
大葉…3枚
A
┊ ごま油…大さじ1
┊ 塩…ひとつまみ
レモン…適量

1　鯵は3枚におろし、内臓を取って流水で洗う。水けをふいて皮をはぎ、小骨を取って（a）糸造りにする（b）。
2　新しょうがべっこう煮は粗みじん切り、万能ねぎは小口切り、大葉はせん切りにする。
3　ボウルに1と2を入れ、Aを加えてさっくり混ぜる。
4　器に盛り、レモンを添える。

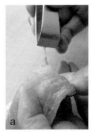

「鯵に新しょうがべっこう煮を合わせれば、薬味としょうゆの二役を担うごちそうたたきに」

にんにくみそ漬け

材料（作りやすい分量・
　18×12×H7cmの保存容器
　1個分）

にんにく…5個

A
｜酒…45mℓ
｜砂糖…120g
｜みそ…300g

1　にんにくは1片ずつにバラし、薄皮をむく。
2　Aはよく混ぜ合わせる。
3　保存容器に2を薄く敷き詰め、1を並べ入れて2を上からぬり広げる（a）。表面にラップをぴったりとかける。重しをし、大きめの保存袋などに入れて冷蔵室で3カ月ほど漬ける。
＊　冷蔵室で1年間保存可。

にんにくしょうゆ漬け

材料（作りやすい分量・
　24×14×H10cmの保存容器
　1個分）

にんにく…10個

A
｜粗塩…40g
｜酢…2カップ

B
｜しょうゆ…2と1/4カップ
｜みりん…3/4カップ

だし昆布（粗く割ったもの）
　…10g

1　にんにくはキッチンバサミで茎を少し切り、外皮を1枚むいて横半分に切る（a-1、2）。
2　容器に1を入れ、Aを混ぜ合わせて加える。常温で2日ほど漬ける（b）。
3　保存容器にBを合わせ入れ、だし昆布を加える。
4　2のにんにくを漬け汁から取り出して3に加え、表面にラップをぴったりとかける。重しをし（c）、大きめの保存袋などに入れて冷蔵室、または冷暗所で3カ月ほど漬ける。
＊　冷蔵室、または冷暗所で3年間保存可。

「みそ、酒、砂糖で漬けたみそ漬けと、酢と塩で下漬けしてからしょうゆとみりんで仕上げたシンプルなしょうゆ漬けは、
自家製調味料のひとつとして重宝するもの。
もちろん、漬け汁のしょうゆとみそも余すことなく使えます」

■スタミナ納豆

■にんにくみそ汁

材料（3〜4人分）
にんにくしょうゆ漬け（p.96）…3粒分
鶏ひき肉…150g
万能ねぎ（小口切り）…5本分
A
⋮酒…大さじ2
⋮砂糖…小さじ2
⋮にんにくしょうゆ漬けの漬け汁（p.96）…大さじ1
ひきわり納豆…3パック
タバスコ®…小さじ1
ごま油…大さじ1
温かいご飯…適量

1 にんにくしょうゆ漬けはみじん切りにする。
2 フライパンにごま油を熱し、ひき肉を炒める。
　ほぐれたら1とAを加えて炒め合わせる。
3 ボウルに納豆と付属のたれ、万能ねぎ、2を
　入れて混ぜ合わせ、タバスコ®で調味する。
4 器にご飯とともに盛る。

材料（3〜4人分）
わかめ…30g
木綿豆腐…1/2丁
にんにくみそ漬け（p.96）…3粒
だし汁…3カップ
にんにくみそ漬けのみそ（p.96）…大さじ3

1 わかめはひと口大、豆腐は2cm角に切る。に
　んにくみそ漬けは薄切りにする。
2 鍋にだし汁を入れ、火にかける。煮立ったら
　1を加えてさっと煮て、みそを溶き入れる。

「いつもの納豆ご飯を、鶏そぼろとにんにくしょうゆ漬けでボリュームアップ。
にんにくみそ漬けのにんにくとみそを使って定番のわかめと豆腐のみそ汁もひと味違ったパワーみそ汁に」

材料（2〜3人分）
にんにくみそ漬け（p.96）…2粒
バター…15g
オリーブオイル…15g
にんにくみそ漬けのみそ（p.96）…小さじ1
フランスパン…1/2本
大葉（粗みじん切り）…3枚分

1 にんにくみそ漬けはみじん切りにする。
2 バターを湯せんで溶かし、オリーブオイル、にんにくみそ漬けのみそと1を混ぜ合わせる。
3 パンを好みの厚さに切り、表面に2をぬってオーブントースターでこんがり焼き目がつくまで焼く。
4 大葉をちらす。

■ みそガーリックトースト

「みその風味と仕上げの大葉の、和風ガーリックトースト。みそとバターがよく合うんです」

材料（2〜3人分）

鶏砂肝…150g

塩…少々

にんにくみそ漬け（p.96）…3粒

A

  にんにくみそ漬けのみそ（p.96）

    …大さじ2

  みりん…小さじ1

  ごま油…小さじ1

サンチュ…適量

一味唐辛子…少々

1 砂肝は余分な脂と血を取ってきれいにし、ひと口大に切る。塩をもみ込んで5分ほどおく。

2 鍋に湯を沸かし、1を弱火で5分ほどゆでる。ざるにあけて水けをきる。

3 にんにくみそ漬けは薄切りにする。

4 ボウルに2、3、Aを入れ、あえる。

5 器に盛り、サンチュを添えて一味をふる。

■ 砂肝にんにくみそあえ

「サンチュで、にんにくと砂肝を巻いて食べる、かみしめるほどにうまみが広がるおつまみ惣菜」

材料（2人分）

ハム…4枚

万能ねぎ（小口切り）…5本分

にんにくしょうゆ漬け（p.96）…3粒分

A

: にんにくしょうゆ漬けの漬け汁
: 　（p.96）…大さじ2
: 砂糖…大さじ1
: オイスターソース…大さじ1
: ごま油…大さじ1
: 水…120㎖

中華生麺…2玉

黒こしょう…少々

1　ハムは2～3㎜四方に切る。

2　万能ねぎは小口切り、にんにくしょ
　うゆ漬けはみじん切りにしてAと混
　ぜ合わせる。

3　鍋に湯を沸かして中華生麺を袋の表
　示通りにゆで、ゆで汁をきって器に
　盛る。

4　2をかけて、1をちらしてこしょう
　をふる。混ぜながら食べる。

■ にんにくあえそば

「にんにくしょうゆ漬けがあるから味も決まりやすい。

ハムのうまみ、万能ねぎ、黒こしょうで作る簡単あえそばは、酒のつまみにもなるイケ麺です」

■ エリンギにんにく炒め

材料（2人分）
エリンギ…4本
長ねぎ…1/2本
にんにくみそ漬け（p.96）…2粒
バター…20g
塩…少々
A
　にんにくみそ漬けのみそ（p.96）
　　…小さじ2
　酒…大さじ1
　みりん…大さじ1

黒こしょう…少々
レモン…1/4個

1　エリンギは長さを半分に切って縦薄切り、長ねぎは斜め薄切りにする。
2　にんにくみそ漬けは粗みじん切りにする。
3　フライパンにバターを入れ、弱火にかける。溶けてきたら2を加えて軽く炒める。中火にし、1を加えて塩をふって炒め、しんなりしたらAを加えて炒め合わせ、こしょうをふる。
4　器に盛り、レモンを添える。

「エリンギのバター炒めを、にんにくみそ漬けでひと工夫。
あらかじめみそ漬けにしているからにんにくが主張しすぎず、さりげなく香るのがいいんです」

かつおのにんにくたたき

材料（3〜4人分）
かつお（刺身用・さく）…200g
塩…少々
貝割れ菜…1/2パック
にんにくしょうゆ漬け（p.96）…3粒分
A
： にんにくしょうゆ漬けの漬け汁（p.96）
：　…大さじ1
： 酢…大さじ1
： ごま油…大さじ1
白いりごま…適量

1　かつおは全体に塩をふり、皮を直火で
　　炙ってたたきにする。ひと口大に切って
　　器に並べる。
2　貝割れ菜は1cm幅に切る。にんにくしょ
　　うゆ漬けは粗みじん切りにする。
3　2とAを混ぜ合わせ、1にまわしかけて
　　白ごまをふる。

「思わず『おいしー！』と声がもれる！
にんにくしょうゆ漬けが、しょうゆ代わり。薬味とともにバクバク食べて」

材料(作りやすい分量)
青唐辛子…75g
粗塩…30g
青柚子…8個

1 青唐辛子は2/3量は縦半分に切り、種を取り除く(a)。1/3量はぶつ切りにする(b)。粗塩とともにミキサーにかけ、ペースト状にする(c)。
2 青柚子は上下を落として半分に切る。皮をむいて、裏側の白い部分をそぐ(d-1)。残った緑色の表皮は(d-2)せん切りにしてからみじん切りにする(e)。身は果汁をしぼる。
3 1に2の皮と果汁25㎖を加える。
4 保存容器に移し入れ、冷蔵室で1週間以上ねかせる。
＊ 冷蔵室で1年間保存可。
＊ 青唐辛子の作業のときは目をこすったりしないように。また、手にキズなどがある場合は必ず食品用手袋をして作業すること。
＊ 皮の白い部分はお風呂に入れたり、ポン酢に加えれば柚子の香りのポン酢になる。
＊ 残った柚子の果汁は料理に使ったり、お酒で割って飲んだりするといい。

a

b

c

d-1

d-2

e

「辛みも柚子の青々しさもしっかり感じられる、青唐辛子と青柚子、粗塩で作る正統派柚子こしょう。
黄柚子が出回る季節には黄柚子で作っても」

材料（作りやすい分量）

きゅうり、大根、にんじん、赤パプリカなどの
　　生野菜…適量

A

 　みそ…大さじ4

 　マヨネーズ…大さじ1

 　砂糖…大さじ1/2

 　柚子こしょう（p.104）…小さじ1と1/2

1　Aはよく混ぜ合わせる。

2　器に食べやすく切った野菜を盛り、
　　1を添える。

「柚子こしょう入りのピリ辛みそで野菜がモリモリ食べられる！」

■柚子こしょうドレッシング トマトサラダ

材料（2〜3人分）
トマト…2個
A
　砂糖…小さじ2
　薄口しょうゆ…小さじ1
　酢…大さじ4
　柚子こしょう（p.104）…小さじ1
　油…1カップ

1　Aはよく混ぜ合わせる。
2　トマトは薄い輪切りにして器に並べる。
3　1をまわしかける。

「ほんのりピリ辛で程よい酸味がジューシーなドレッシングがトマトにピッタリ」

材料（作りやすい分量）

鯵…6尾

A

：だし昆布…5g

：酒…1カップ

：粗塩…200g

：水…2ℓ

1 ボウルにAを混ぜ合わせ、冷蔵室で冷やす。

2 鯵はぜいごを切り取り（a-1）、腹に切り目を入れて（a-2）内臓を取る。えらぶたをめくってえらを取る。ボウルに水をはり、歯ブラシを使って中心にたまった血をこすり落とす（b）。

3 水けをふき、腹から背の辺りまで包丁を入れて腹開きにする。頭も半分に割る（c）。血が残っていたら流水で洗い流し、水けをふき取る。

4 1に3を皮目を上にして入れ、冷蔵室で1時間ほど漬ける（d）。

5 水けをしっかりふき取り、皮目を下にして盆ざるに広げて3時間ほど天日に干す（e）。

＊ 1枚ずつラップで包み、冷蔵室で3日間保存可。冷凍室で1カ月間保存可。

＊ 食べるときは、魚焼き器またはグリルで焼く。

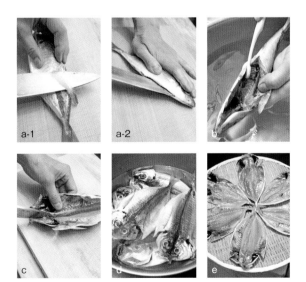

「新鮮な鯵で作る干物は、手塩にかけるという言葉にふさわしい仕上がりと味わいです」

■鯵の薬味あえ

材料（作りやすい分量）
鯵の開き（p.108）…1枚
みょうが…1個
貝割れ菜…1/2パック
大葉…5枚
A
⋮ しょうゆ…小さじ1
⋮ 太白ごま油…大さじ1
白いりごま…小さじ1

1　鯵は魚焼き器やグリルなどで焼き、骨をはずして身をほぐす（a、b）。

2　みょうがは小口切り、貝割れ菜は3等分の長さに切る。大葉は細切りにする。すべてを合わせて水にさらし、ざるにあけて水けをきる。

3　ボウルに1と2を入れ、Aを加えてさっとあえ、白ごまをふる。

＊　身をはずした骨は捨てずにだしを取るのに使う（c）。

「鯵のうまみが薬味にしみしみ。麺やご飯、豆腐にのせたり、そのままつまみとしても」

材料（3〜4人分）
鯵の開き（p.108）…2枚
しょうが…30g
米…2合
A
  だし昆布…3g
  酒…大さじ2
  薄口しょうゆ…大さじ2
  水…340㎖
白いりごま…大さじ1

1 鯵は魚焼き器やグリルなどで焼き、骨をはずして身をほぐす。
2 しょうがはせん切りにし、5分ほど水にさらして水けをきる。
3 米はといで30分ほど浸水させ、ざるにあけて水けをきる。
4 土鍋に3、2、Aを入れ、ふたをして強火にかける。ふいてきたら中火にして5分ほど、弱火にして15分ほど炊く。
5 火を止め、1を加えて5分ほど蒸らして白ごまをふる。

■ 鯵としょうがの炊き込みご飯

「炊き上がってから鯵を加えるので、蒸気でふっくらふわふわ。
しょうがのキリッとした味わいもきいてます。鯵の薬味あえ（p.110）をのせても」

回 鮎の一夜干し

「内臓ペーストに粉山椒を加えるのが私流。
魚焼き器やグリルで焼いた一夜干しに、大人の苦みペーストをちょんとつけてすだちをしぼって」

材料（作りやすい分量）

鮎…6尾

A
: だし昆布…3g
: 酒…1と1/2カップ
: 粗塩…18g

B
: 酒…1/2カップ
: 砂糖…小さじ1
: しょうゆ…小さじ1
: みりん…小さじ1
: 粉山椒…少々

1　Aは混ぜ合わせて塩を溶かし、冷蔵室で冷やしておく。鮎は背骨を下にして頭に刃先を入れる。

2　鮎を横向きに寝かせ、中骨に沿って包丁を小刻みに動かしながら、腹の方まで切り目を入れる。

3　背開きにして、内臓を取る（ペーストにするので取っておく）。

4　もう片面も尾から頭に向かって中骨に沿って包丁を動かし、中骨を取り除く。

5　中骨と背びれを切り落とす（骨せんべいにするので取っておく）。

6　えらを切り落とす。

7　歯ブラシを使って中心にた
　　まった血をこすり落として
　　水けをふく。

8　さばき終えたところ。

9　鍋に内臓とBを入れ、火に
　　かける。とろりとするまで
　　弱火で煮詰め、ペースト状
　　にする。

10　8の身の部分を、冷やして
　　おいたAに30分ほど漬け
　　る。

11　水けをふき、皮目を下にし
　　て盆ざるに広げて30分ほ
　　ど干す。

12　中骨は串にさしてピカピカ
　　になるまで干す。170℃の
　　揚げ油（分量外）で素揚げ
　　にして塩をふり、骨せんべ
　　いにする。

＊　11で干し終えたものを1枚ずつラップで包み、冷蔵
　　室で3日間保存可。冷凍室で2週間保存可。
＊　内蔵ペーストは保存容器に入れ、冷蔵室で5日間保存
　　可。
＊　食べるときは、魚焼き器またはグリルで焼く。内臓ペー
　　ストをつけても。
＊　鮎はオスでもメスでもお好きな方でどうぞ。

ぬか漬け

材料（作りやすい分量・
　26×19.5×H21cmの保存容器1個分）
生ぬか…2kg
粗塩…300g
A
┊ 赤唐辛子（種を取ったもの）…3本分
┊ 粉辛子…大さじ2
┊ だし昆布（粗く割ったもの）…5g
捨て漬け用の野菜（キャベツの芯や外葉、きゅうりの端っ
　こ、野菜の皮など）…適量
きゅうり、なす、にんじんなど好みの野菜…適量

1　水8カップと粗塩を混ぜ合わせ、塩水を作る。
2　大きめのボウルに生ぬかを入れ、1を少しずつ加
　　えて手でまんべんなく混ぜ合わせる（a）。
3　2にAを加え混ぜ合わせる（b）。
4　3を保存容器に入れ、捨て漬け用の野菜を加え
　　（c）、常温でひと晩漬けて取り出す。翌日も同様
　　に捨て漬け用の野菜を加えてひと晩漬けて取り出
　　す。これを4〜5日繰り返す。ぬかは毎日手でか
　　き混ぜる。
5　本漬けをする。好みの野菜に塩少々（分量外）を
　　まぶし、4に入れて冷蔵室で半日ほど漬ける。毎
　　日かき混ぜ（d）、まわりもきれいにふく。
＊　夏は冷蔵室、冬は冷暗所で保存可。
＊　暑い時期のほうが発酵が進むので夏に仕込むといい。
＊　ぬか床に干ししいたけを乾燥したまま漬けるとよりお
　　いしい。
＊　なすは1日、きゅうりは半日で食べられる。早く漬け
　　たければ、切ってから漬けるといい。
＊　ぬか床はすべて半量にして作ってもいい。

「手で毎日混ぜることで、それぞれの家の味になっていきます。自由な気持ちで漬けてください」

ぬかから出し、水で洗って
水けをふき取り、食べやす
い大きさに切る。

117

回 杏砂糖漬け

材料（作りやすい分量・
　21×17×H9cmの保存容器1個分）
杏…2kg
A
: ホワイトリカー…1カップ
: 砂糖…400g
: 粗塩…100g
: 酢…1カップ
B
: ホワイトリカー…1カップ
: 砂糖…500g
: 酢…1カップ

1　杏は洗って種のまわりにぐるりと包丁を入れ
　（a）、半分に割って種を取る（b）。酢少々（分
　量外）を加えた水に、種とともにつける。
2　ボウルにAを合わせ入れ、1を酢水から取り
　出して加え、1日漬ける。
3　ざるにあけて水けをきり（c）、1切れずつ水
　けをふく。種も水けをふく。
4　保存容器に3を入れ、Bを合わせ入れ（d）、
　よく混ぜる。冷蔵室で3カ月ほど漬ける。砂
　糖が溶けるまで時々かき混ぜる。
＊　冷蔵室で1年間保存可。

「甘すぎず、ほんのりある塩けもいい、長野の定番お茶うけ。そのままでも、ケーキに焼き込んだりしても」

杏のグラニテ

材料（作りやすい分量）
杏砂糖漬け（p.118）…10切れ
A
: 白ワイン…1/2カップ
: 砂糖…大さじ1
: 水…1/2カップ
レモン汁…大さじ1

1　鍋にAを入れ、ひと煮して冷ます。
2　杏砂糖漬けはみじん切りにする。
3　ステンレスのバットに1と2を入れ、レモン汁を加えて混ぜる。
4　冷凍室で冷やしかため、フォークでくずして器に盛る。

「シャリシャリ感と甘じょっぱさが夏の渇いた体にしみわたります」

秋

autumn

きのこの塩漬け

材料(作りやすい分量・
　24×14×H10㎝の保存容器1個分)
しいたけ、えのきたけ、しめじ、舞茸、
　エリンギなど…合わせて500g
粗塩…100g

1　しいたけは軸ごと半分に切る。そのほかのき
　　のこは大きめのひと口大に手でほぐす。
2　鍋にたっぷりの湯を沸かし、1をさっとゆで
　　てざるに広げて冷ます。
3　保存容器の底に粗塩を少し入れる。その上に
　　2と粗塩を交互に少しずつ入れる(a)。一番
　　上はやや多めに粗塩をふる(b)。冷蔵室で1
　　日漬ける。
4　使う前に水を取り替えながら塩ぬきをする。
＊　冷蔵室で1年間保存可。

「山でいっぱい採れたきのこを長もちさせるシンプルな方法。これで一年中おいしくきのこが楽しめます」

水にしばらくつけて塩
ぬきをし、水けをきっ
て器に盛る。

材料（2人分）

長ねぎ…1/2本

厚揚げ…1枚

片栗粉…適量

きのこの塩漬け（p.122）…100g

A

  酒…大さじ1

  砂糖…小さじ1

  しょうゆ…大さじ1

  みりん…大さじ1

油…大さじ1

黒こしょう…少々

1　長ねぎは斜め薄切りにする。

2　厚揚げは縦半分に切ってから横1cm
幅に切って片栗粉を薄くまぶす。

3　フライパンに油を熱し、2を焼く。
表面がカリッとしたら1ときのこ
の塩漬けを加えて炒め、Aを加えて
さっと炒め合わせる。

4　器に盛ってこしょうをふる。

「きのこの塩漬けのうまみが厚揚げにしみしみ。厚揚げにまぶした片栗粉が全体をとろっとまとめてくれます」

■きのことろろ

材料（2〜3人分）
やまといも、または長いも…100g
A
　だし汁…1/4カップ
　みそ…小さじ1
　みりん…小さじ1
きのこの塩漬け（p.122）…100g
万能ねぎ（小口切り）…3本分

1　やまといもはすりおろし、Aとよく
　　混ぜ合わせる。
2　1ときのこの塩漬けをさっと混ぜ合
　　わせ、器に盛って万能ねぎをちらす。

「ご飯にかけたり、麺にのせたり、つけだれにしても。きのことだし汁ととろろの素朴なひと品」

125

▣ 鶏ときのこの小鍋仕立て

材料（2〜3人分）
鶏もも肉…1枚（約250g）
水菜…1/4わ
きのこの塩漬け（p.122）…100g
A
: だし昆布…3g
: 酒…大さじ2
: 水…4カップ
B
: 薄口しょうゆ…大さじ2
: みりん…大さじ2
一味唐辛子…少々

1　鶏肉は余分な脂を取り除き、ひと口大に
　　切る。水菜は5cm長さに切る。
2　鍋に鶏肉、きのこの塩漬け、Aを入れ、
　　火にかける。煮立ったらていねいにアク
　　をひき、弱火にして20分ほど煮る。
3　だし昆布を取り出し、Bを加えて味をと
　　とのえる。水菜を加えてさっと煮て、一
　　味をふる。

「昆布のだしときのこのだしがぎっしりの汁まで飲み干したい、酒の肴にもなる小鍋」

□ しその実塩漬け

材料（作りやすい分量）
穂じそ…100g
塩…大さじ3
A
∶ 粗塩…大さじ1
∶ 酒…大さじ1
∶ 水…1/2カップ

1　穂じそは先のほうを持って根元に向かって実
　　をしごき、はずす（a）。
2　鍋に3カップ分の湯を沸かし、塩を加えて1
　　を1分ほどゆでる。ざるにあけて氷水で冷や
　　す。
3　保存容器にAを混ぜ合わせ、2を加える（b）。
　　冷蔵室で半日ほど漬ける。
＊　冷蔵室で半年間、冷凍室で1年間保存可。

「塩漬けすることでおいしさと風味が長もち。
おむすびや酢飯に混ぜ込んだり、焼いたお肉にちらしたり、使い道はいろいろ」

しその実としらすのおむすび

材料（3個分）
ご飯（炊き立てのもの）…300g
A
  しその実塩漬け（p.128）…大さじ1
  しらす干し…30g
  白いりごま…小さじ1

1 ご飯にAを混ぜ合わせ、おむすびをにぎる。
2 好みで器に大葉を敷き、その上にのせる。

「穂じそのさわやかな味わいと白ごまの香ばしさ、さらにプチプチした食感がアクセント」

材料（作りやすい分量）

するめいか（刺身用）…1杯分

A
：酢…小さじ1
：みりん…小さじ1
：油…大さじ1/2

しその実塩漬け（p.128）…大さじ1/2

練りわさび…少々

焼きのり…1枚

1　いかは糸造りにする。

2　1、A、しその実塩漬けをさっと混ぜ合わせる。

3　器に盛り、わさびをのせて、8等分に切ったのりを添える。

■いかそうめん
しその実あえ

「ねっとりした甘みを携えたいかに、塩漬けにした穂じその塩けと香りがいい感じ。のりの香ばしさと合わせて」

131

□ 菊花甘酢漬け

材料(作りやすい分量・
　各容量700mℓの保存容器1個分)
食用菊(黄)…1パック
食用菊(紫)…1パック
塩…適量
酢…適量
A
⎧ だし昆布…5g
⎪ 砂糖…80g
⎨ 酢…1カップ
⎩ 水…1カップ

1 菊はそれぞれガクから花びらをはずす(a-1、
　2)。
2 鍋にたっぷりの湯を沸かし、塩と酢を加える。
　1の一方を加え、箸で花びらを湯の中に沈め
　ながら2分ほどゆでて氷水に落とし、水けを
　しっかりしぼる。もう一方も同様にする。
3 Aは混ぜ合わせ、2つの保存容器に分ける。2
　をそれぞれ保存容器に加え、冷蔵室で1時間
　以上漬ける。
＊ 冷蔵室で2週間保存可。

a-1

a-2

「美しい見た目もさることながら、このおいしさに驚くはず。サラダや酢の物に加えると華やかになりますよ」

133

■春菊菊花浸し

材料（2人分）
春菊…1/2わ
塩…少々
A
：だし汁…1カップ
：薄口しょうゆ…大さじ1
：みりん…大さじ1
菊花甘酢漬け（p.132）
　…2色合わせて40g
すだち…1個

1　鍋にAを入れ、ひと煮して冷ましておく。
2　春菊は葉を摘む。鍋に塩を加えた湯を沸かし、
　春菊の葉を加えてさっとゆでて冷水に落とす。
　水けをきってしっかりしぼり、ざく切りにする。
3　1に2を浸し、1時間以上おく。
4　3と菊花甘酢漬けを混ぜ合わせ、すだち1/2個
　分をしぼってさっと混ぜ合わせる。
5　器に盛り、残りのすだちを輪切りにしてのせる。

「目にも舌にもおいしいとはこのこと。だし汁の味わい、春菊の苦み、菊の彩りとそろい踏み」

材料（作りやすい分量）
大根…150g
塩…少々
菊花甘酢漬け（p.132）…2色合わせて60g

1　大根は5cm長さのせん切りにし、塩をふって
　　しばらくおく。しんなりしたら水けをしっか
　　りしぼる。
2　1と菊花甘酢漬けを混ぜ合わせる。

■菊花なます

「際立つ彩りの美しさと、上品な甘酢の加減を楽しんでほしいひと皿」

いくらしょうゆ漬け

材料（作りやすい分量）
生筋子…500g

A
　50℃くらいの湯…2ℓ
　塩…大さじ1

B
　水…2ℓ
　塩…大さじ1

C
　だし汁…1と3/4カップ
　しょうゆ…1/2カップ
　みりん…1/4カップ

1　ボウルにAを入れて混ぜ、筋子を膜がある方を下にして入れる。

2　指の腹を使って1粒ずつ手早くやさしくほぐす。

3　すべてほぐれたらざるにあけて水けをきる。

4　ボウルをきれいにして新たに水をはり、3を加える。手でやさしく混ぜ、浮いてきた薄皮を取り除く。

5　3回ほど水を替えながら薄皮を除いてはすすぎ、を繰り返し、ざるにあけて水けをきる。

6　ボウルをきれいにしてBを入れて混ぜ、5を加えて5分ほどおく。

7 ざるにあけ、水けをしっか
りきる。ぴったりとラップ
をかけて冷蔵室で1時間ほ
どおく。

8 ボウルをきれいにしてCを
入れて混ぜ、7を加える。

9 冷蔵室で半日以上漬ける。
* 保存容器に入れ、冷蔵室で3
日間保存可。冷凍室で1カ月
間保存可。

ご飯にたっぷりのせて味わうも
よし、大根おろしとともに器に
盛り、つまみにしても。

「卵を1粒ずつほぐすときは、できるだけ海に近い塩分にしてあげること。そうすることでおいしく、美しく仕上がります」

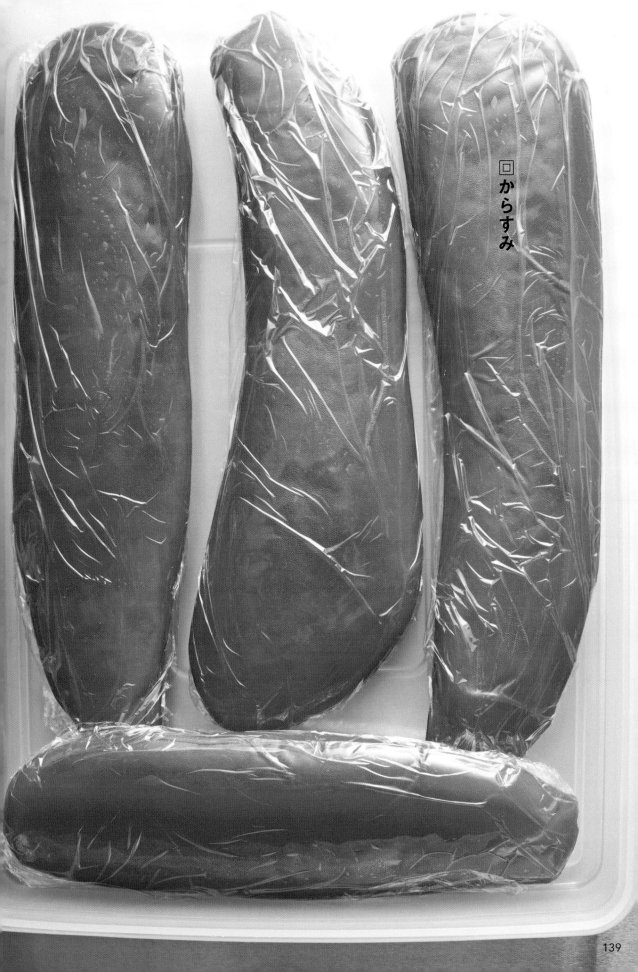

回からすみ

材料（作りやすい分量）
ボラ子…2腹
粗塩…適量
酒…適量
焼酎…適量

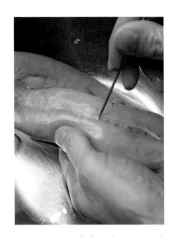

1　ボウルに水をはり、ボラ子を入れる。筋のところの血管を針でさしては指をあてて軽く押し、を数カ所繰り返して血ぬきをする。

2　バットに入れ、1の表面がほぼ隠れるくらい粗塩をたっぷりまぶす。

3　冷蔵室で2日おく。

4　酒と焼酎を同量で合わせ、混ぜ合わせる。適量を使って塩を洗い流す。

5　容器にボラ子を入れ、酒と焼酎を同量に合わせたものをひたひたより少なめに注いで冷蔵室で1日おいて塩ぬきをする。

6 水けをしっかりふき取る。

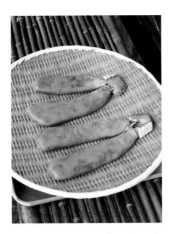

7 盆ざるにのせ、毎日上下を返しながら形を整える。1週間ほど天日に干す。

8 先についている身の部分を切り落とし、1本ずつラップで包み、冷蔵室で保存する。食べるときに食べる分だけ薄皮をむいて食べやすく切る。

＊ 冷蔵室で2カ月間、冷凍室で1年間保存可。

＊ 薄皮をむくときは筋のところに包丁の刃先で切り目を入れ、かたくしぼったぬれぶきんで皮をつまむとむきやすい。

「高級品として珍重されるこちらも、手作りできます！ 手塩にかけたからすみは何にも代えがたいうまさです」

■ からすみ餅

材料（2人分）
からすみ (p.139)…30g
切り餅…2個

1　からすみは薄皮をむいて薄切りにし、さっと
　　炙る。
2　餅を焼き網やオーブントースターなどで焼
　　き、手で半分にちぎって1を包み込む。

「夢の大定番メニューも、自家製からすみならドーンと思い切って使えます。
さっと炙って餅で包むだけなのにこのおいしさ！」

材料（2～3人分）
からすみ（p.139）…30g
塩昆布…5g
油…小さじ1
三つ葉…5本
鯛（刺身用・さく）…60g
すだち…1/2個

1 からすみと塩昆布は粗みじん切りにして油で
　あえる。

2 鍋に湯を沸かし、三つ葉をさっとゆでる。冷
　水に落とし、水けをしぼって1cm幅に切る。

3 鯛は糸造りにして1と2とともにさっとあえ
　る。

4 器に盛り、すだちを添える。

■鯛お造り からすみ昆布あえ

「鯛とからすみの夢の共演。ねっとりとしたからすみのうまみと塩昆布が鯛にからまって豪華絢爛な味わい」

栗の渋皮煮

材料（作りやすい分量）
栗…2kg
砂糖…栗の正味重量の60%
重曹（食用）…大さじ3
ブランデー…大さじ2

1 耐熱ボウルに栗を入れ、熱湯をひたひたに注いで2時間ほどおく（a）。

2 栗をざるにあけ、包丁で切り目を入れて鬼皮をむく（包丁で1カ所切り込みを入れ、ピンセットで鬼皮を引っかけてむいていく）（b-1〜3）。むいたものから水につけておく。

3 栗の重さを計って砂糖の量を決める。

4 鍋に栗と重曹大さじ1を入れ、水をひたひたに注いで火にかける。沸いたら10分煮て（途中、出てきたアク（c）はひく）湯を捨てる。鍋に流水をやさしく細く注ぎ入れ、水がきれいになるまですすぐ（d）。これをあと2回繰り返す。

5 栗を取り出し、くぼみに残っている渋皮の筋を竹串で取り（e-1）、ぬれぶきんでやさしくこすって表面をきれいにする（e-2）。

6 鍋をきれいにして栗を入れ、水をひたひたに注いで火にかける。沸いたら弱火にして10分煮て、水を捨てる。これをあと3回繰り返す。

7 鍋をきれいにして栗と砂糖を半量入れ、ひたひたに水を注いで火にかける。沸いたら弱火にして30分ほど煮る。アクをひいて（f）残りの砂糖を3回に分けて加え（g）、栗が好みのかたさになるまで30分ほど煮る。

8 ブランデーを加えて（h）ペーパータオルで落としぶたをし（i）、火を止める。ひと晩おいて味を含ませる。

＊ 煮汁ごと保存容器に入れ、冷蔵室で10日間保存可。

＊ 栗は熱湯につけておくと鬼皮がやわらかくなってむきやすい。

「栗が出回ると作っておかなくては、と思う保存食のひとつ。そのままお茶うけにしたり、ケーキに焼き込んだりしても」

■ 栗の渋皮煮のフリット

材料（2人分）
栗の渋皮煮 (p.144)…6粒
小麦粉…少々
A
∶ ビール…1カップ
∶ 小麦粉…100g
∶ 黒こしょう…小さじ1/2
揚げ油…適量

1 栗の渋皮煮は汁けをふいて小麦粉をまぶす。
2 Aを混ぜ合わせ、衣を作る。
3 1を2にくぐらせ、170℃の揚げ油で2〜3分揚げる。

「サクサクの衣に、ボクボクの栗の食感。ほんのりした甘さが上品な、秋のお楽しみ」

材料（26×10×H7cmの
　パウンド型1台分）
栗の渋皮煮（p.144）…100g
バター（食塩不使用）…100g
砂糖…60g
溶き卵…1個分
A
┊薄力粉…100g
┊アーモンドプードル…30g
┊ベーキングパウダー
┊　　…小さじ1
栗の渋皮煮の煮汁（p.144）
　…大さじ2
粉糖…適量

下準備
・　型にオーブンペーパーを敷く
・　オーブンを180℃に予熱する。

1　栗の渋皮煮は4等分する。
2　バターは室温にもどし、やわら
　　かくする。ボウルに入れ、泡立
　　て器でホイップ状になるまで混
　　ぜ、砂糖を加えてさらに混ぜる。
3　溶き卵を2〜3回に分けて加え、
　　そのつど混ぜ合わせる。
4　Aを合わせてふるいにかけ、3
　　に加えてさっくり混ぜる。
5　1と渋皮煮の煮汁を加えてゴム
　　べらで混ぜ合わせる（a）。

6　型に5を入れ、型を少し上から
　　数回落として空気をぬく。
7　180℃のオーブンで30〜35分
　　焼く。串を刺して何もついてこ
　　なければ焼き上がり。型から取
　　り出し、粗熱がとれたら表面に
　　粉糖をふる。

a

「ふんわり軽い食感の生地に、渋皮煮を贅沢に加えた重厚感のあるパウンドケーキです！」

□栗の蜜煮

材料（作りやすい分量）
栗…約30粒
A
⋮ 砂糖…300g
⋮ 水…1ℓ
水飴…200g

1 耐熱ボウルに栗を入れ、熱湯をひたひたに注いで2時間ほ
どおく。
2 ざるにあけ、お尻の部分を包丁で薄く切り落とし（a）、下
の方から手で鬼皮をむいていく（b）。渋皮だけになったら
平らな側面の渋皮を薄く切り落とし（c-1）、残りの渋皮も
包丁で栗の形にそってむく（c-2）。むいたものから水につ
けておく（d）。
3 鍋にAを入れ、火にかける。砂糖が溶けたら2の水けをきっ
て加え、上から水飴をかける（e）。弱火でゆっくりと2時
間ほど含め煮にする。火を止め、ペーパータオルで落とし
ぶたをし、ひと晩おいて味を含ませる（f）。
＊ 保存容器に入れ、冷蔵室で10日間保存可。

「渋皮をむいて水飴であっさり煮た栗は、料理にもお菓子にも使える便利な保存食です」

149

材料（2〜3人分）
木綿豆腐…150g
A
：マスカルポーネチーズ…大さじ3
：生クリーム…大さじ3
：砂糖…小さじ2
：塩…小さじ1/3
栗の蜜煮（p.148）…5粒
生ハム…5枚

1 豆腐はペーパータオルに包み、しっかり
　水きりする。
2 1とAを混ぜ合わせ、なめらかになるま
　で混ぜる。
3 栗の蜜煮は4等分する。生ハムは手で食
　べやすくちぎる。
4 3を2でさっとあえる。

◼ 栗と生ハムの白あえ

「しっとりなめらかなあえ衣をまとった、ほんのり甘く、
ほっこりとした栗の蜜煮と生ハムの塩けがいい感じ。ワインがすすみます」

■ 栗の黒糖餅

材料（8人分）
栗の蜜煮（p.148）…5粒
A
：白玉粉…100g
：水…210㎖
：黒砂糖…100g
きな粉…適量
黒蜜…適量

1　栗の蜜煮は粗みじん切りにする。

2　ボウルにAを混ぜ合わせ、手でダマをしっかりつぶす。

3　ざるで濾して鍋に入れ、火にかける。木べらで練り、透明感が出てきたら弱火にして1を加え（a）、まとまってくるまで練る（b）。

4　バットにきな粉を敷き詰め、3を入れて（c）上からもきな粉をふる。

5　粗熱がとれたらひと口大にちぎって（d）丸める。

6　器に盛り、黒蜜をかける。

「口の中でシュッととろけるやわらかさに栗の粒々感がいいリズム」

柿のみりん炊きジャム

□

材料（作りやすい分量）
柿…3個
みりん…1カップ

1 柿はさいの目に切る。
2 鍋に1とみりんを入れて火にかける。煮立ったら弱火にし、汁けがなくなるまで煮詰める（a）。そのまま冷ます。
＊ 保存容器に入れ、冷蔵室で2週間保存可。

a

「材料は柿とみりんのみ。さいの目に切って食感が残る程度にとろっと煮た秋のごちそうジャム。
焼き菓子や、白玉、あんことともに」

材料（2〜3人分）
白玉粉…90g
豆乳…90ml
バニラアイスクリーム…150g
柿のみりん炊きジャム（p.152）…100g
ラム酒…少々

1 ボウルに白玉粉を入れ、少しずつ豆乳を
　加えてなめらかになるまでこねる。ひと
　口大に丸め、真ん中を少しくぼませる。
2 鍋に湯を沸かし、1を入れて3分ほどゆ
　でて冷水にとる。
3 器に水けをきった2、アイスクリーム、
　柿のみりん炊きジャムを盛り合わせ、ラ
　ム酒をふる。

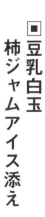

■ 豆乳白玉
柿ジャムアイス添え

「柿ジャムとラム酒でバニラアイスが大人の味わいに。豆乳白玉と合わせてデザート感もプラスしました」

■柿ようかん

材料（21×7×H6㎝の型1台分）

こしあん（市販）…380g

小麦粉…30g

A

   くず粉…10g

   水…70㎖

柿のみりん炊きジャム（p.152）…150g

1 ボウルにこしあんを入れ、小麦粉をふるいにかけながら加えてゴムべらでよく混ぜ合わせる。

2 別のボウルにAを入れ、ダマがなくなるまでよく混ぜ合わせる。

3 1に2を2〜3回に分けて加え、そのつどゴムべらで混ぜ合わせる。

4 柿のみりん炊きジャムを加え、さっくり混ぜ合わせる。

5 型にラップを敷き、4を入れる。型を少し上から数回落とし、空気をぬいて表面をならす。

6 蒸気の上がった蒸し器に5を入れ、50〜60分蒸す。粗熱がとれたら冷蔵室でひと晩冷やす。型から取り出し、食べやすく切る。

「栗ようかんがあるなら、柿ようかんがあってもいいかも⁉」と思って作ってみたもの。
クリーミーなこしあんと柿のジューシーさが新しい食感。ワインにも合いますよ」

冬

winter

白菜漬け

材料（作りやすい分量・
　26×19×H22cmの保存容器
　1個分）
白菜…1個
粗塩…白菜の重量の3％

1　白菜は根元に切り目を入れて（a-1）2つに割り（a-2）、
　　さらに根元に切り目を入れてそれぞれ半分に裂いて、
　　4等分する。
2　盆ざるに1を切り口を上にして並べ、天日に半日ほど
　　干す（b）。
3　水洗いし、水けをきって根元に切り目を入れる（c）（塩
　　が浸透しやすくなり、食べるときに切りやすくもな
　　る）。
4　保存容器の底に粗塩を少しふり入れる（d）。白菜の葉
　　と葉の間に残りの粗塩をふり（e）、根元の向きが交互
　　になるように詰める（f）。
5　バットなどで押しぶたをし、重しをして（g）ふたを
　　する。冷蔵室、または冷暗所に1日おいて水が上がっ
　　てきたら白菜の上下をひっくり返す。3〜4日経った
　　ら食べられる。1週間後くらいが食べ頃。
＊　冷蔵室で3週間保存可。

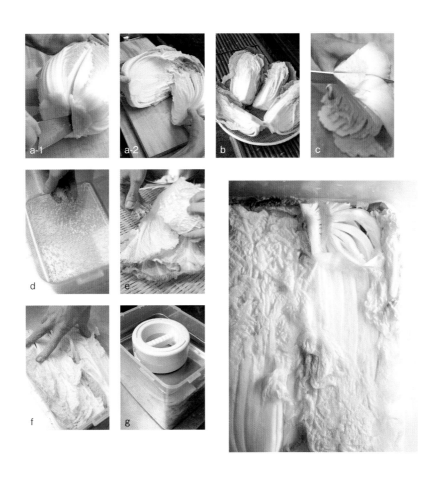

「白菜の自然な甘みとシャキシャキした食感がしみじみおいしい、
昔ながらの塩と白菜だけで漬けるシンプルな漬け物。そのまま食べても、炒め物などの味出しにも」

■白菜　塩昆布そぼろ

材料（2〜3人分）
白菜漬け（p.156）…150g
塩昆布…10g
長ねぎ…1/2本
鶏ももひき肉…150g
A
:酒…大さじ1
:しょうゆ…大さじ1
:みりん…大さじ1
かつお節…5g
油…大さじ1

1　白菜漬けは汁けを軽くしぼって粗みじん切りにする。
2　塩昆布と長ねぎはみじん切りにする。
3　フライパンに油を熱し、ひき肉を炒める。ほぐれて色が変わったら1を加えて炒め合わせる。
4　Aを加えて炒め、汁けがとんだら2を加えてさっと炒め合わせる。
5　器に盛り、かつお節をふる。

「ご飯や麺、豆腐にのせても。白菜が漬かりすぎていたら水で洗ってから調理してください」

材料（2〜3人分）
鶏ささみ…2本
りんご…1/2個
白菜漬け（p.156）…100g
A
  粒マスタード…大さじ1
  薄口しょうゆ…小さじ1
  オリーブオイル…小さじ1

1　ささみは筋を取る。
2　鍋に湯を沸かし、1を入れる。火を止め、そのまま5分ほどおいて取り出す。粗熱がとれたら水けをふき取り、手で細かく裂く。
3　りんごは皮つきのままマッチ棒くらいの細切りにする。
4　白菜漬けは軽く汁けをしぼってざく切りにする。
5　ボウルに2、3、4を入れ、Aを加えてあえる。

「白菜漬けの塩けと、りんごの甘みとシャキシャキ、粒マスタードの粒感もよし。白ワインに合う〜！」

■豚バラと白菜漬けのピリ辛スープ

材料（2〜3人分）
白菜漬け（p.156）…150g
豚バラ薄切り肉…150g
A
⎡ だし汁…3カップ
⎢ みそ…大さじ2
⎢ しょうゆ…大さじ1/2
⎢ みりん…大さじ3
⎣ 豆板醤…小さじ1
ごま油…大さじ1
万能ねぎ（小口切り）…3本分
白すりごま…大さじ1

1 白菜漬けはざく切りにする。豚肉は3cm
　幅に切る。
2 フライパンにごま油を熱し、豚肉を炒め
　る。色が変わったら白菜漬けを加えて
　さっと炒め合わせる。
3 Aを加え、煮立ったらアクをひく。
4 器に盛り、万能ねぎをのせて白ごまをふ
　る。

「白菜漬けと豚肉の黄金コンビ。ピリッと辛いのがあとをひくうまさです」

161

□ べったら漬け

材料（作りやすい分量・
　25×20×H10cmの保存容器1個分）
大根…1kg（正味）
粗塩…30g
麹（乾燥）…80g
砂糖…150g

1　大根は皮を厚めにむき、保存容器に入る長さに切る。
2　保存容器に1を粗塩をふりながらすき間なく重ね入れる（a）。バットなどで押しぶたをして重しをし、1日塩漬けにする。
3　ボウルに麹を入れて細かくほぐす。60℃ほどの湯をひたひたに注いでひと晩常温におく（b）。
4　3に砂糖を混ぜ合わせる。
5　2の水けをきり、4の半量を底に敷き入れ、残りの4を上から入れて（c）押しぶたをして重しをする。冷暗所で1週間ほど漬け、出てきた水分を捨てる。その後は冷蔵室で保存する。
＊　冷蔵室で5日間保存可。

「冬の甘く、身が詰まった大根に麹の甘みも加えた漬け物。これも味出しとしても使える、作っておくと便利な保存食」

■ べったら漬けカプレーゼ

材料（2～3人分）
べったら漬け（p.162）…150g
モッツァレラチーズ…1個（約115g）
ミニトマト…5個
オリーブオイル…大さじ1
塩…少々
黒こしょう…少々

1　べったら漬けとモッツァレラチーズ
　　は食べやすい大きさに切る。
2　ミニトマトは半分に切る。
3　1を器に並べ、2をちらす。オリー
　　ブオイルをまわしかけて塩、こしょ
　　うをふる。

「べったら漬けのやさしい塩けとクリーミーなチーズが溶け合う新しいカプレーゼ」

即席たくあん漬け

材料（作りやすい分量・
　26×19×H22㎝の保存容器1個分）
大根…1本（1kg）
A
┊ だし昆布…3g
┊ ホワイトリカー…大さじ3
┊ 砂糖…200g
┊ 粗塩…45g
┊ 酢…大さじ3

1 大根は4等分の長さに切り、盆ざるにの
　せて天日に1日干す。
2 保存容器に1を詰め、Aを混ぜ合わせて
　注ぐ。バットなどで押しぶたをして重し
　をし、冷暗所で2〜3日漬ける。
＊ 冷蔵室で1週間保存可。

「自家製だからこその、冬大根の甘みと程よい塩け。しみじみおいしい冬のお楽しみ」

材料（作りやすい分量・
　22×16.5×H9cmの保存容器
　1個分）

かぶ…6個

粗塩…人さじ2

赤唐辛子（種を取ったもの）…2本分

A
　∴だし昆布（粗く割ったもの）…5g
　∴酢…1と1/4カップ
　∴みりん…1と1/4カップ

1　かぶは洗って皮ごとスライサーで横薄切りにする。

2　保存容器に1適量をあまり重ならないように並べ入れ、粗塩適量をふって上にさらにかぶ適量を並べ、粗塩適量をふる。これを数回繰り返し、層にしてすべて入れる（a）。

3　Aを混ぜ合わせて2に加え、赤唐辛子を粗くちぎってのせ、冷蔵室で1日おく。

＊　冷蔵室で5日間保存可。

a

「甘みが増したかぶに昆布のうまみを加えた上品なさっと漬け。冷蔵室にあるとうれしい保存食です」

□ **柚子大根**

材料 (作りやすい分量)

大根…600g

粗塩…大さじ2

黄柚子…1個

A

　だし昆布 (粗く割ったもの)
　　…5g

　砂糖…大さじ6

　粗塩…大さじ1と1/2

　酢…120㎖

1　大根は3㎝長さの細めの拍子木切りにする。粗塩をまぶして30分ほどおき、水でさっと洗って水けをきる。

2　柚子は皮の黄色い部分を薄くそいで、せん切りにする。果汁はしぼる。

3　ボウルにAを混ぜ合わせ、1と2を加えて混ぜる (a)。保存容器に入れて冷蔵室、または冷暗所に1日おいて味を含ませる。

＊　冷蔵室で1週間保存可。

a

「柚子と大根の鉄板コンビ。そのままサラダ感覚で食べるもよし、

豚肉や鶏肉とともに炒めたりするにも便利な、味よし、香りよしの冬の定番」

■干し柿なます

材料（2〜3人分）
干し柿…2個
A
⋮酢…大さじ2
⋮みりん…大さじ2
ピーナッツ…10g
柚子大根（p.166）…150g

1 干し柿は輪切りにしてAであえ、30分
　ほどおく。
2 ピーナッツは粗みじん切りにする。
3 1と柚子大根をさっとあえ、器に盛って
　2をちらす。

「柚子大根のシャキシャキ感に、干し柿のねっとりした食感がいいリズム。
ピーナッツが食感にも味わいにもいい仕上げをしてくれます」

167

柚子皮砂糖漬け

材料（作りやすい分量）
黄柚子…4個
塩…小さじ1
A
∴砂糖…200g
∴水…1カップ
グラニュー糖…適量

1　柚子は4つ割りにし、包丁で皮から身をはずす。皮は横半分に切って白い部分を少し残して包丁でそぎ取る。
2　鍋に湯をたっぷり沸かし、塩を加えて1の皮を5分ほどゆでる。ざるにあけ、水けをきって冷ます。
3　鍋をきれいにし、Aを入れて火にかける。砂糖が溶けたら2を加え、弱火で5〜6分煮てから火を止め、そのまま冷ます。
4　バットに網をのせ、3を皮の外側を下にして重ならないように並べる。風通しのいいところにおいて、表面がしっとりするくらいまで乾かす（a）。
5　1枚ずつグラニュー糖をまぶし（b）、バットに並べて20分ほどおく。
＊　保存容器に入れて冷蔵室、または冷暗所で1カ月間保存可。
＊　柚子の果肉はしぼってポン酢やドレッシングに使うといい。

「黄柚子が出回るごく限られた季節に作っておきたいもの。
お茶うけにしたり、焼き菓子に焼き込んだり、チョコレートでコーティングしたりと、いろいろ使えますよ」

金柑蜜煮

材料（作りやすい分量）
金柑…20個
A
└ 白ワイン…1/4カップ
└ 砂糖…240g
└ 水…1カップ

1　金柑は皮をよく洗って、表面に針や竹串で数カ所穴をあける。
2　鍋に湯を沸かして 1 を 2 分ほどゆで、ざるにあけて水けをきる。
3　鍋をきれいにして A を入れ、火にかける。砂糖が溶けたら 2 を加えて弱火で 10 分ほど煮る。火を止め、ペーパータオルをかぶせてそのまま冷ます（a）。
＊　保存容器に入れ、冷蔵室で半年間保存可。

a

「金柑がある時季に作っておかなくては、と毎年思うもの。皮ごとそのままパクッとどうぞ。
お菓子に焼き込むときは種を取るのを忘れずに」

材料（作りやすい分量）
りんご…3個
みりん…1カップ

1 りんごは、細かいさいの目に切る。
2 鍋に1とみりんを入れ、火にかける。煮立ったら
　弱火にし、汁けがなくなるまで煮詰める（a）。火
　を止め、そのまま冷ます。
＊ 保存容器に入れ、冷蔵室で2週間保存可。

a

「りんご本来のうまみとみりんの上品な甘みが合わさった和風ジャム。
トーストに合わせるのはもちろん、豚肉をソテーしたものに添えたりしても」

■金柑の錦玉

材料（5個分）
金柑蜜煮（p.170）…5個
寒天（粉末）…2g
砂糖…80g
コアントロー…小さじ1

1 金柑蜜煮は半分に切って種を取る。

2 鍋に水180mℓと寒天を入れ、弱火にかける。寒天が溶けたら砂糖を加え、かき混ぜながら30秒ほど煮る。

3 粗熱がとれたらコアントローを加える。

4 小さい器にラップを大きめに切って敷き、1を1切れずつ入れて3を適量ずつ流し込む（a）。茶巾にしぼって輪ゴムで口をとめる（b）。氷水に入れ、30分ほど冷やしかためる。

5 ラップをそっと取り除いて器に盛る。

a

b

「つるんと口に入った後、ジュワッとジューシーな金柑が出てくる幸せの錦玉。お祝いの日にも」

材料（2〜3人分）
クレソン…1わ
ブルーチーズ…50g
りんごのみりん炊きジャム（P.171）
　…大さじ2
オリーブオイル…大さじ1
黒こしょう…少々

1　クレソンは葉を摘み、茎は食べやすい長さに
　切る。水にさらし、シャキッとさせる。
2　ブルーチーズは手でひと口大にちぎる。
3　ボウルに1、2、りんごのみりん炊きジャム
　を入れ、オリーブオイルを加えてさっとあえ
　る。
4　器に盛り、こしょうをふる。

■ ブルーチーズ、クレソン、りんごのサラダ

「ブルーチーズの塩けとクレソンの苦みに、りんごジャムのほんのりした甘みがちょうどいい感じ」

笠原将弘（かさはら まさひろ）

東京・恵比寿の日本料理店「賛否両論」店主。日本料理の魅力を日本に、世界に知ってもらうべく幅広く活動中。料理人歴30年以上の、長きにわたるお店での仕込みの技や手法は、簡単な家庭料理提案から、本格的な日本料理まで多くのファンに支持され続けている。『鶏大事典』『超・鶏大事典』『常備菜大事典』（すべて小社刊）など、日本料理のスキルを高める著書多数。

「賛否両論」
東京都渋谷区恵比寿2-14-4
TEL　03-3440-5572
https://www.sanpi-ryoron.com/

さんぴりょうろん　かさはらまさひろ　ほ ぞんしょくだい じ てん
賛否両論 笠原将弘 保存食大事典

2023年1月26日　初版発行

かさはら まさひろ
著者／笠原 将弘
発行者／山下 直久
発行／株式会社KADOKAWA
〒102-8177　東京都千代田区富士見2-13-3
電話0570-002-301（ナビダイヤル）

印刷所／凸版印刷株式会社

ⒸMasahiro Kasahara 2023 Printed in Japan
ISBN 978-4-04-897153-9　C0077